女性のための お金の 増やし方

不動産10物件
株100銘柄保有の
元証券ママと
学ぶ

つちやけいこ［ファイナンシャルプランナー］著

ぱる出版

はじめに

はじめまして。

私は3人の子育てをしながら、日々投資を楽しんでいるママ投資家です。

ある日、テレビで「2022年から高校授業で『資産形成』導入。株式・債券・投資信託など基本的な金融商品の特徴を教える」というニュースを聞き、横にいた当時小4の娘がこう言いました。

「ママ、投資って何？　ママが本にまとめてくれたら私のおこづかいで買うから書いて！」

そう言って、興味津々に乗り出してきたのがきっかけで本書を書くことにしました。

将来、娘たちが自分で稼ぐ力を持って自立した女性になってほしいとの願いも込めて、中学生・高校生・大学生の女の子が読んでも理解できるように書いたつもりです。

もともと、証券会社に12年、独立FP（ファイナンシャルプランナー）として4年弱働いてきたので金融知識は多少ありました。証券会社で外務員として働いている間は、自分で株を買うことに制約があり自由に投資はできませんでしたので、育児のために独立FPを止めた後、2011年頃から本格的に自分でも投資を始めました。

そうした経験のなか、長年富裕層と呼ばれる人たちを観察し、自分でも投資をするようになり確信したことがあります。

それは資産を増やしていくには絶対的なルールがあり、また「女性は投資に向いている」ということです。

「安く買って高く売る」

「すぐ儲けるより長く儲ける」

「何を買うかより誰から買うか」

本書では、それを女性の観点から詳しく紐解いていきたいと思います。

証券ウーマンから証券仲業者を経て、ママ投資家になるまでを振り返ると、1992年~2021年の現在まで約30年近く株式市場を観察してきたことになります。

その間、バブル崩壊（日経平均最高値（1989／12／29・3万8915円）からの最安値（2003／4／28・7607円））、ITバブル、リーマンショック、東日本大震災、アベノミクス相場などがあり、その度に日経平均は大きく変動しました。その間に大きく資産を減らしてしまった人も、また大きく増やした人も、見てきました。

さらに2020年は新型コロナウイルスの影響により、リーマンショックと世界恐慌の時よりも大きな変化が見られました。

コロナ禍で一時は下がった株価もその後一気に上昇し、2021年2月16日には日経平均3万467円の高値を更新しました。

そうしたなかで、たとえば日本を代表する銘柄であるファーストリテイリング（みなさんもご存知のユニクロの会社）の株価を100株保有していたとすると、コロナ前は600万円だったものが一時的に2020年3月400万円まで下落した後、2021年3月には1100万円に値上がりしました。

要は、同じ銘柄を買ったとしても損をする時と利益が生じる時があるということですが、そんななかでも「証券口座を開設したよ」「何を買ったら良いかしら」と周りのママ友から聞かれることも増え、今後女性が投資をする機会が増えていくことを肌で感じています。

「投資」と聞くと「怖いもの」「損をする」というイメージを持たれる方もいるかもしれません。でも、きちんと勉強してリスクを減らしていけば、損よりも得するチャンスが増えていきます。

ここで一番重要なのは、「何を買えばよいか?」という銘柄を選ぶことを、人任せにしたり、人の勧める投資を安易に真似したりするのではなく、自分で勉強するということです。なぜなら人に従って買った場合、売る時も自分では判断ができなくなるからです。

今は、有名な投資家のブログやYouTube等から無料で学ぶことも可能な時代になりましたし、偉大な投資家に関する本や雑誌もたくさん出ています。そうしたツールも有効に利用して、まずは自分で勉強する習慣を身につけるための、学びの一歩を踏み出しましょう。

私は、この10年間で株式投資のほか、不動産投資も始め、実際に株式100銘柄・不動産10物件を購入しました。それも、何がなんでも、いついつまでに100銘柄・10物件を購入するという目標を立てたわけではなく、勉強しながらじっくり投資先を探していくスタイルでした。不思議とそのタイミングが合致し、うまく購入でき、気がついたら資産が増えていたという感じなのです。

「私には無理かも」と思う方も多いかもしれませんが、そんなことはありません。

元々、女性は細やかに手間暇をかけて育む能力を持ち備えている方が多いと私は思います。料理や買い物、編み物等も女性で得意な方は多いでしょう。

男性は早急に大きく儲けようとしがちですが、女性は堅実にコツコツ育もうとする傾向にあると感じます。リスクを減らす投資とは、長期にコツコツ続けることです。ハイリスク・ハイリターンではなく、ローリスク・ローリターンで良いのです。

ローリターンでも長期にコツコツ儲けていれば、やがてハイリターンになります。


今までの投資の本は、男性向けのハイリスク・ハイリターンの「株で○億円儲ける」「不動産投資で○億円」などと謳う本が多いですが、この本は株式投資や不動産投資などの儲かる方法を教える本ではありません。

あくまで、女性がその特性を生かし、お金のＩＱ／ＥＱを上げ、いつでも自立できるようになるための基礎知識を自分で勉強していくための本です。

新型コロナウイルスのパンデミックで世界経済も不安定ですが、このような時期こそ投資を学び始めるチャンスだと思います。

自立したいと願うすべての女性に、広く読んでいただけたら幸いです。

第2章 貯蓄

第3章 投資信託・ETF・株

第4章 不動産投資

第5章 続けることの威力

第6章 リスクを減らす見直し

○ブックデザイン　土屋裕子（株式会社ウエイド）
○ＤＴＰ　千坂まこ（株式会社ウエイド）
○編集協力　株式会社天才工場
○編集　岩川実加

第1章

女性にこそ投資は必要

「株主優待」という株式投資の楽しみ

株式投資では、株価の値上がりに期待するのはもちろんですが、それ以外にうれしい「おたのしみ」もたくさんあります。

みなさんは「株主優待」をご存知でしょうか。株を買って「株主」になった会社からさまざまな優待品が送られてくるもので、優待品だけで生活している株主優待名人の桐谷広人さんをテレビなどで観た方もいらっしゃるでしょう。

私も楽しみながら株主優待を活用しています。

たとえば、日々の生活で使うティッシュペーパーやトイレットペーパーは製紙会社が優待品としており、我が家では大王製紙（銘柄コード３８８０）の「エリエール贅沢保湿」が非常に柔らかく使い心地も良いので人気です。

ミネラルウォーターやお茶などを優待品にしている会社も多く、買い出しに行くと重いものも届けてもらえて助かっています。

その他にもレストランやデパート、スーパーなどで使える優待もあります。

我が家の優待を取り入れた生活の一部はこんな感じです。

食べ盛り中学生の息子はお肉が大好物。スケートの宇野昌磨選手が毎日カルビを食べる話は有名ですが、我が家の息子もしかり。そのために「吉野家」（９８６１）の株主優待券を夫婦それぞれ１００株ずつ購入しました。

現在（２０２１年５月）の吉野家の株価は２０００円なので、たとえば今、優待をもらうための購入概算金額は２０００円×１００株＝20万円です。夫婦２人で40万円投資をすると、年間１万２０００円の食事券を株主優待として送っていただけます。さらに毎年２月には配当金として１０００円ずついただけます（ＮＩＳＡ利用で非課税）。

夫婦で40万円投資したとして、優待で1万2000円、配当で2000円。あわせて1万4000円。利回りに換算すると3・5%にもなります。吉野家の「牛カルビ丼」は１食５４８円なので25食分を無料で毎年いただいている計算になります。

大手銀行の普通預金の金利がいずれも0・001%ですから、もし40万円を銀行に預け

ても年間4円（税込）にしかならないので、その差は3500倍です。

この吉野家の1銘柄だけでも、こんなに違ってきます。超低金利の今、それが40万円でなく400万、4000万……となっていったら、天文学的な違いが生じることは言うまでもありません。

このような感じで、読書好きの長女には丸善CHIホールディングス（3159／金券）と文教堂（9978／株主カードでいつでも5％割引）を。チョコクロワッサンが好きな次女にはサンマルクカフェ（3395）の株優待（いつでも20％引き）を。

また、夫がたまに飲んでいる健康飲料の「ヘパリーゼ」もゼリヤ新薬（4559）の株優待で年間40本いただいています。ヘパリーゼ炭酸100mlは定価363円（税込）×40本ですから、ここでも1万4520円分の商品をいただいていることになります。

これらは、保有しているだけで毎年「自動的」に受け取っています。自分で株を売るか、会社が優待制度を止めない限りは「自動的」にです。

優待品は会社の決算前後に送られてくることが多いので、うまく決算月の違う会社を組み合わせれば、毎月何かが届きます。

自分が愛用している製品を作っている会社で、優待制度のある会社を探してみると、結構あるものです。最初はそうした身近な会社に楽しみながら投資すると良いと思います。

私も最初は、スターバックスコーヒー（現在は未上場ですが当時は上場していました）を5万円くらい（投資金額）とシャンプーを優待品で送ってくれる田谷（4679／美容室「TAYA」を展開）を6万円くらい（投資金額）で買ったのが、優待株投資の始まりです。

スターバックスコーヒーは2015年に上場廃止になりましたが、廃止になるまで無料ドリンク券を年2枚いただきながら、何より上場間際まで保有して14万円で売却したので、投資金額が2倍以上になりました。

優待と売却益の両方を得られたケースでした。この時に、**しっかり勉強して中長期（私の場合3年〜10年）で投資をすれば失敗することは少なく、むしろ資産を増やすことができる**と身をもって実感しました。

また一方で、田谷の株は今も保有していて、もう10年くらいになります。本書を書いている2021年7月の株価は550円ですから100株で5万5000円。買った時の投資金額は6万円でしたから、今の時価ではマイナス5000円です。

しかし10年間にシャンプーを20本（TAYA美容室でも売っている1680円のシャンプーまたはトリートメントを年2回）届けていただいているので、3万円以上の商品をこれまでいただいており、差し引きして計算した場合は損になることはありません。

その後、さらにほかの会社の株も買い足しました。今までに、お米、果物、文房具、電化製品、食器、ハンカチ、洋服、ディズニーランドの入場券、ホテルの食事券など多くの優待品をいただき、家族や友人と一緒に使い、楽しんできました。

この本を手に取ってくださったみなさんにまずお伝えしたいのは、**「投資は楽しい」ということ**です。投資するのに焦る必要はまったくないので、十分に勉強してから、まずは一歩を踏み出してみてください。

もちろん、儲かる時も損をする時もありますが、リスクを十分管理しながら投資を始めると、世の中の動きがわかったり、新製品や新しいサービスのニュースが株価にどのような影響を与えるのだろうと考えたりすることも増え、今までとは違う世界が確実に広がります。

収入のルートを増やす

新型コロナウイルスによって、生活や価値観が大きく変わりました。

ある女性からこんな話をされました。

「新型コロナでステイホームとなりこれからどうなるのかわからない。一方で、『日経平均株価が3万円』などと株が好調なニュースは目にするけれど、お金も時間も余裕のない私には関係ない……」。

確かに投資していなければそうかもしれません。では投資していたらどうでしょう。

お給料は減っても買った株が上がっているかもしれないし、不動産投資をしていたら家賃が入ってくることで安心していられるかもしれません。

投資するということは、自分が働けなくなった時に、お金や株や不動産があなたの代わりに働いてくれるということです。

もちろん、タイミングを間違うと損をしてしまうので、買い時は見極めなくてはなりませんが、反対に言えば、**いいタイミングで買うことができれば損をする可能性は少なく、保険のような安心感も得られます。**

日本では2017年に男女雇用機会均等法が改正され、女性に対する雇用機会に関してようやく法律のうえで整えられました。このことからもわかるように、日本は女性が働くことに関しては相当に遅れている国ですから、女性が投資をする環境などは、いまだ整っていないのが現状です。

実際、有名な個人投資家として、表に出てくる方は男性が大半です。

「これからは女性も投資をする時代」と言っても、実際に成功している女性の姿をこの目で見ないと、なかなかそこまで行けるとは思えてこないのではないかと思います。

たまにテレビなどで女性で有名な経営者や成功している人も見かけますが、身近な存在としては考えにくいですし、「あの人たちは特別で、とても私はあそこまで頑張れない」と思ってしまうのではないでしょうか。

私もかつては、そう思っていました。しかし、そんなある時、書店で『金持ち父さん貧乏父さん』を書いたロバート・キヨサキさんの奥様キム・キヨサキさんの著書『リッチウーマン』が目にとまりました。

投資本と言うと男性が書いた本ばかりのなかで、その本はすべて女性目線で書かれていました。その時に目を引いた見出しが「人からああしろ、こうしろと言われるのは大嫌い！という女性のための投資入門」。

まさにそのとおり、私の性格に似ていると思いました（私の場合は不器用なのでああしろ、こうしろと言われて急かされると余計に上手くできないというパターンですが）。

さらに**「どんな女性であっても自分自身の人生の経済的な面をきちんと自分でコントロールしようと本気で覚悟を決めれば、必ずその目標を達成できる」**とも書かれていました。

「どんな女性であっても」↓　3人の子育て真っ最中の私でも……？

「自分でコントロール」↓　したい、やってみたい！

「本気で覚悟」↓　かれこれ20年以上株を研究してきて飽きないのだから、これからもやる覚悟は十分ある！

「必ずできる」↓　キムさんに言われたらできる気がしてきた、同じ女性だから？

そこから「女性個人投資家」になると決意し、家族や親友に公表し、今も1つずつ階段をのぼっている最中です。

私もまだ階段の途中なので、一緒に階段をのぼってくださる女性の方がこれから増えていくことを願っています。1人よりも仲間がいた方が楽しいですよね。特に女性は。

証券時代には、尊敬していた男性の先輩から『金持ち父さん』シリーズは金融業界で働いている者ならば一般常識として読むように言われていました。なので、ロバート・キヨサキさんの著書は何冊も読んでいたのですが、なぜか自分のものとして捉えられずにいました。それが、『リッチウーマン』を読んで一気に自分のなかに落とし込めた感覚がしました。

学びたい気持ちはあったので、本は読んで勉強している。でも実際に前に進めないのは一歩前を歩く「実在の」女性がいなかったからだとその時に気がつきました。そこからは、いつか自分が「実在の身近な女性」になれたなら、その後に続く娘世代にも参考にしてもらえるかもしれないと思うようになりました。

令和世代に生きていく娘が数年後、どんな投資家になっているのかを楽しみにしているところです。

この本を読まれているみなさんは、学生、会社員、パート、アルバイト、専業主婦、独身の方、既婚の方、離婚された方……さまざまな方がいることと思います。

そこで最初に、まずみなさんの収入について考えてみてほしいと思います。**あなたの銀行口座に入ってくるお金のルートは、いくつあるでしょうか？**

もし学生だったら、親からの仕送りのほかにアルバイトもしているかもしれません。そうすると、①親から、②アルバイト先で、2つの収入のルートがあります。もしもアルバイトを2か所でしていたら、①親から、②アルバイト1、③アルバイト2で、3つの収入ルートということになります。

専業主婦の方はご主人のお給料だけが収入という方もいるかと思います。その場合は収入ルートが1つです。保険会社のセールスのような話になってしまいますが、この場合、もしもご主人が病気になってしまったら収入がゼロになってしまいます。そうなってしまう前に、今のうちから「万が一」を考えて収入のポケットを増やしておくことは、無駄にはならないと思います。

たとえばスキマ時間にパートやアルバイトをして、その一部を投資に回すことで、①労働収入、②配当、③値上がり益（③の値上がり益は上がった場合）の3つのポケットを一度に増やすことも可能です。

実際の投資に焦りは不要ですが、学びのスタートは1日も早いほうが良いと思います。

今この瞬間にも時は過ぎていき、明日は確実に今日より1日歳を重ねます。今日が1番若い！ と思って学ぶために行動してみましょう。

だからと言って、もう50歳60歳だから無理ということは絶対にありません。

「女の人生。本番は40歳から。それまでは練習みたいなものよ。そして40歳からが、本当におもしろい」。

これは大好きなガブリエル・シャネルの言葉です。

みなさんも、今から一緒に行動を開始しませんか？

リスクは減らすことができる

ゼロから一歩踏み出すことは、実は意外に簡単だということは、わかっていただけたでしょうか？

主婦や会社員以外に、もうひとつの「顔」を持つと言えばいいでしょうか。私の場合は、家事や育児をする顔のほかに「投資家としての顔」を持っていて、それぞれの場面で完全に切り替えることで、収入のポケットを増やしています。

パートで働いている方や会社員にとっても、パート代や給料というひとつの財布だけではなかなかお金は増えていかない。もうひとつ別の「顔」を持って、収入のルートを増やすために、殻を破って一歩踏み出すと見える景色も変わってくるものです。

ちなみに「投資家」には誰でもなれます。資格も試験もありません。あなたが、「私は投資家」と決めれば立派な投資家です。

たとえば、みなさんは天気予報を見て、今日は暑いのか寒いのか、雨は降るのか傘はいるのか、などと考えますよね。それと同じように、投資を身近に感じることもできます。1日のうち数分でもいいから日経平均株価を見て、今日は上がっているのか下がっているのか、天気予報をチェックするような感覚で見られるようになると、投資の世界に一歩踏み出せたことになるでしょう。

それはネットの情報でもいいですし、新聞を開いた時にこれまであまり見てこなかった経済面を見てみることなどから、始めてみてもいいかもしれません。

すべての物事には良いことと悪いことが両方あります。**投資で言えば、儲かるけど損もする。リスクとリターンはセットなのですが、どちらで捉えるかで見え方が違ってきます。**

たとえば、天気予報で雨が降ると言われたら傘を持って家を出る。雪ならスノーブーツを履いたり、寒いだろうからとカイロを持ったり、備えますよね。それは投資も同じです。リスクに備えておくから雨が降っても濡れない、雪が降っても転ばない、寒くない、などのリターンが得られるのです。

日々の生活のなかで、みなさんは知らず知らずのうちにきちんとリスクに備えているのです。電車が遅れるかもしれないから家を早く出る。帰宅時間が遅くなったから近道せずに明るい表通りから帰る、などなど、常にリスクに備えていると言ってもいいでしょう。**投資も同じでリスクに備えて勉強し、行動に移すことはそれほど難しい話ではありません。自身でしっかり勉強さえしていれば、損失のリスクは減らすことができます。**

私がみなさんに自身で勉強してくださいと言うのは、各個人においてリスクの許容範囲が違うからです。また、結婚したり、子どもが生まれたり、病気になったりした時にもリスクの許容範囲が変わります。

もちろん、投資が順調にいけば、大きくリスクをとれる投資機会も増え、さらに不動産投資も組み合わせれば、十分な資産を増やすことができるでしょう（不動産投資については第4章で解説します）。

日本を代表する企業で構成される日経平均株価は、2020年3月の1万6000円台から、2021年2月には倍近い3万円に達しました。投資をしている多くの人は、株価上昇の恩恵を受けとれたことでしょう。

株式投資のメリットは値上がり益だけではありません。前述したように、**株を持っている間に配当も出るし、株主優待ももらえます。**投資先によって異なりますが、持ち続けているだけで２～３％の配当がもらえたり、株主優待も利回りで換算すれば２～３％になったりする。配当と優待を合わせて４％のリターンとすると、仮に１００万円投資していたら、毎年４万円がもらえる計算です。

銀行の定期預金の金利は０・００１％ですから、１００万円預けても毎年10円しかもらえません。お金を増やそうと思ったら、その差はあまりに大きいのです。

もちろん銀行預金と違って、株式投資は株価次第なので、元手が減ってしまうリスクはあります。よく「お金が減ることもあるのですよね？」と聞かれることがありますが、当然マイナスになってしまうこともあります。

株式投資をすることでの最悪のケースは、投資している会社が倒産することです。その場合は、投資した金額がゼロになってしまいます。**でも、そのリスクを減らせる方法はあります。**実際、私が投資を始めて自分の買った銘柄が倒産したことは1度もありません。

良いことと悪いこと、どちらも最大のパターンを考えてすべてを想定内にしていると、大きな問題は起こりにくいのです。

「節約」だけではお金は増えない

「主人の給料だけではお金は増えないけど、私は日々節約して家計をどうにか回しているつもり。そもそもお金に余裕もないので投資なんてできない」。

そういう方もいらっしゃいます。

ここでも、よく考えてほしいのです。節約のために、1円でも安く買い物しようと遠方のスーパーに買い出しに行く時間があったら、その時間を投資の勉強に回すことはできないでしょうか？

たとえば、卵や白菜を10円安く買えたとして、毎日10円ずつ節約しても、1品あたり月300円、年間でも3600円しか節約できません。でも、投資すると、配当金で3600円以上くれる会社もたくさんあります。

確かに、支出を減らす意味では節約も大事ですが、そこで得られるお金には限界がある。極端なことを言えば、たとえば月給20万円の人がどんなに節約しても、残せるお金は20万円を超えることはありません。

一方、給料20万円の5％、月1万円でも投資していたら、20万円を超える可能性があるわけです。**節約に時間を割いてすでに努力できているのなら、同じように投資の勉強も始めてみてはいかがでしょうか。**節約しながら投資もできるし、どちらかに絞る必要はなく、**どちらも取り組むことが可能です。**

仕事で安定した収入を得て、節約をして支出を減らしながら、投資もしてお金を増やす。そのように自分で付加価値をつけていくことができます。

もしも「今お金がない」という方は、むしろいいチャンスなのかもしれません。お金がないと減らないわけですから、明日は1円増やそう、次の日は2円増やそう……と考えてみます。ないから増えるしかないと前向きに考えてみてください。

投資できるお金が貯まってから始めるのではなく、「投資の勉強」は早くから始める方が有利です。私も20代から勉強を始めることができて本当に良かったと思います。

自分にやりたいことがあるとして、それをやる自由を手に入れるには、ほとんどの場合、いくらかのお金は必要となります。あなたにとって、やりたいことは何でしょう。「自立した女性になる」と決めることができれば、あなたのやりたいことはおのずと達成されると思います。


「自立した女性になる」ためには、まず第一歩を踏み出すことです。それまで専業主婦として外で働いていなかったなら、パートに出ることも一歩踏み出したことになります。パート代が月に1万円でも2万円でもいいので、ゼロから稼ぐことはとても大きな一歩です。

私もそうでしたが、子どもが小さくてパートに出られない時期こそ、スキマ時間でできる投資の勉強を始める時かもしれません。

そして、一歩踏み出すと、二歩目、三歩目も出やすくなりますから、まずは第一歩を踏み出してみる。殻を破るエネルギーさえあれば、あとは加速していくはずです。

長生きの女性にこそ「自立」が必要

女性こそ投資が必要な理由は、まだあります。

日本人の平均寿命は、女性が８７・４５歳と男性の８１・４１歳を６歳も上回っています（※厚生労働省の２０１９年データ）。統計上は女性が６年長生きします。結婚が多様化しているとはいえ、夫の方が年上の夫婦は多いでしょう。つまり夫が亡くなった後も妻は１人で生きなければならないことになります。実際、私の２人の祖母も祖父が亡くなってから20年以上生きていました。

そうすると、女性は夫の財産を相続して、自分が死ぬまでは自分でお金を管理しないといけなくなります。それも短い期間ではないかもしれない。**自分が60歳の時に夫が亡くなってしまえば、平均寿命まで生きたとして27年間もお金を管理する必要が出てくるわけです。**

あるいは親の遺産が入ってきたりすれば、それまで見たこともないような大金を手にするようになるかもしれません。そこで「こんなにあるなら世界一周旅行でもしちゃおうか」というわけにはいきませんよね。自分の老後まで考えたら、急に大金を手にした時に備えてお金を管理できる練習をしていれば安心です。

このように、多くの女性はお金をもらったり管理したりする時がきます。多いか少ないか、親からか夫からかはそれぞれだと思いますが、その時に「何も知りません、わかりません」ではなく、自分の頭で考えられるようにしておきたいものです。

「車の運転はしないけど、免許は持っている」という人が多いように、**実際に投資するかどうかは別にして、知識だけは持っておいた方がいい。**何も準備しないと、その場で急にはできません。投資を学ぶのには、時間がかかるということを忘れないでいてください。「備えあれば憂いなし」です。

たとえば10年、20年と運用していて500万円まで増えた。そこで相続して500万円もらって計1000万円になった。そうした時に、これまでの経験があればうまく運用していけると思いますが、何も知識のないままだったとしたらどうしますか？

セールスマンに勧められるままに投資をして、わからないままに運用するか、定期預金に預けるしかないでしょう。

相続する場合、あとは子どもに任せればいい、と考える人もいるかもしれません。でも、子どもはすでに別の家庭を築いているだろうし、子どもが何人もいれば揉めたりすることもあるかもしれません。やはり生きている間は、自分で自分のお金を管理することが求められてくるでしょう。

夫に頼っていれば、子どもに任せていれば安心、とは言えない。だからこそ女性には「自立」が必要だと思うのです。

携帯電話もここ数年でガラケーからスマートフォンになり、子どもの勉強でもパソコンを使うのが当たり前の時代になりました。投資に対してもそれくらいの変化が起きています。**これは巻き戻せない流れです。**投資に対しても「新しいスタイル」が求められ、やる人とやらない人とでは大きな差が開こうとしています。

こんな時代だからこそ、女性にとってチャンスだと思います。

女性が投資に向いている理由

ここからは、女性だからこそ投資に向いている理由をお伝えしていきます。

流行に敏感だからこそ儲かる会社が見えてくる

投資と言うと、どこか男性の世界のことのように思われるかもしれませんが、世間で何が流行っているか、アンテナを常に張っているのは、女性が多いように感じます。
まだあまり知られていない商品やサービスが世間で広まり、それを手がける企業の業績が上がれば、株価も上がっていきますから、その兆候を早い段階で知るには、やはり女性ならではの感度が生きてくると思います。

実は投資の際に必要な「見抜く目」というのも同じです。**女性の方がより生活に根ざし**

たところから物事を見ていて、何が流行しているかということに敏感な場合が多いのです。

私も生活のなかから、日常的に使うものを「株主優待」でもらうようにしています。

かねてより私は「ボックスティッシュを買いに行くとかさばるな」「ペットボトルの水を買うと重いな」という生活実感がありました（5人家族ですから消費量が多いのです）。それならばティッシュや水を株主優待でもらえば、その分の家計が助かるし、買い物の煩わしさからも解放されると考え、優待投資を始めました。

夫婦で買い物に行って、たくさん荷物を持っている時に「こういう重たいの、大変だね。だったら株主優待でもらえるから、あそこの会社の株、買ってみる？」といった流れで、夫婦一緒に投資を考えるきっかけにすることもできるのではないでしょうか。

株式投資のヒントは、実はふだんの生活にこそ潜んでいるわけで、そこでは女性ならではの視点が生きてくると私はいつも思っています。

「こうなると便利だな」「ありがたいな」といった発想から投資に結びつけていけば、楽しみながら日々の生活が向上していきます。

お掃除でいらないモノの判断力が養われる

生活の場面では「お掃除」も男女の違いが表れやすいのではないでしょうか。

もちろん、単純に女性の方がきれい好きということではありません。多くの男性がより機能的に物事を考えて、それが判断の基準になる一方、女性は「おしゃれ」とか「かわいい」「癒し」でモノを選ぶ傾向があると思います。

そういう判断の基準は、人々の心に訴えかけるような商品、サービスを選ぶ時にも役立ちます。それも投資に生きてくるはずです。

また、「捨てる」ことに関しては、女性の方が潔く判断できるようです。実際、断捨離のやましたひでこさんや、「トキメキ」の片づけコンサルタントこんまりさんなど、お掃除のカリスマさんには女性が多いですね。
実はこの**「捨てられる」という発想は投資においても重要**なのです。株式投資の世界でも断捨離は必要で、いつまでも株価が下がって損をするので手放せなくなった株を「塩漬け株」と言いますが、やはり塩漬けにするくらいなら、さっと処分して次に目を向けた方がいい。株価の習性で「上がるものは上がる（青天井）反対に下がるものはどこまでも下がる（落ちるナイフは拾うな）」という現象があります。自分が買った株が下がるのを祈る気持ちで眺めていることは辛いですから、思い切って気持ちを切り替えることは大事です。

あるいは周囲から「あの株いいよ」と言われても、自分に必要ない、自分がトキめかないものなら買わなくていい、という判断力も必要です。**自分にとって不要なモノ、自分に合っていないモノは買ってはいけない**のです。ほかの人にとって必要でも、自分にとって必要ないことは往々にしてあります。

また生活スタイルが変わったりして必要な時がくれば、その時に買えばいいのです。このように断捨離ができる、身軽でいられる女性は投資に向いていると思います。

✦細やかなリサーチ力が銘柄選びに生きる

よく言われるように、女性はコミュニケーション能力が高い人が多く、何気ないところでもよく情報交換しています。

ママ友とランチしたり、会社員だったら部署が違っても同期でお喋りしたり、自分の身の回りにいいものがあったら、つい伝えたくなる。女性同士で「共感」したい気持ちが強いのかもしれません。

いいものをみんなにオススメしたい、いい評判を聞いたら使ってみたい、という感覚は、一度は経験があるのではないでしょうか。そういう女性のリサーチ力はとても細やかと言えるでしょう。

実際、私も初めての不動産投資をする時には、不動産に詳しい知人・友人に細かく納得するまで質問し、すべての不安を完全に払拭してから投資しました。

多くの女性は流行に敏感で「おしゃれ」で「かわいいモノ」が好き。「見た目より便利さ」ということだけでは心が動きません。

たとえば先日、夫と新築マンションのモデルルームを見に行った時のこと（不動産投資をしているので、気になる物件があればリサーチのため、いつでもすぐに見に行きます）。夫は家のなかの雰囲気等はまったく気にせず、とにかく駅から何分か、価格、広さを見ようとします。男性は「数字で確認できるもの」にアンテナが向かう傾向があるのかもしれません。

しかし、私が見るところは、子どもの通う学校の学区は？　通学路の交通量は？　から始まり、間取り・壁紙・ドアの金具・キッチンの高さ・ゴミ置き場の場所・天井の高さ等も観察します。

案内のスタッフの方にも細かく質問しますから、当然時間がかかります。夫はたいてい「先に行ってるね～」と出口の辺りで待っています。

それで何時間も費やして購入しないとしても、私は無駄になったとは感じません。よいリサーチができたと思います。住宅を見る時も、洋服や身につけるアクセサリーを選ぶ時と同じ感性を使っているのでしょう。

そういう**細やかなリサーチ力や女性ならではの感性が、株式投資における銘柄選びにも生きてきます。**

スーパーのチラシを見る目が不動産投資に役立つ

スーパーのチラシをチェックしている方はいるでしょうか？　毎日チェックしていると、常に価格を比較する習性がついていて、「あっ、昨日より安くなっている」とか「前より高くない？」とか、そういうことがわかってきますよね。

投資も同じです。株価や為替を毎日、天気予報を見るようにチェックしていれば、「今日は下がっている」とか「昨日より上がっている」といったことがわかってきます。

株式投資もさることながら、**不動産投資でもそのような視点が生かせます。**

不動産投資はどうしても元手が大きくなり、ハードルが高いように思えるかもしれません。それでもお勧めしたい理由を、これから順を追って説明していきます。実は、女性が不動産投資に向いている理由はいくつもあります。


スーパーのチラシからいろいろな情報を読み解くことができれば、たとえば不動産でも「3月が決算月でできれば3月中に売りたいから価格が下がっている」といった、値段のしくみがわかってきます。

スーパーのチラシを毎日のように細かいところまで見るようなことは、どちらかと言えば女性の方が得意だと思います。少なくとも私は、このようなチラシ類をチェックする時と、投資対象となりそうな物件を探す時は、脳の同じところを使っている気がします。

さらに言うと、ただ値段だけを見ているわけではありません。私が野菜などを買う時には、子どもの身体にいいものを食べさせたいという思いがあり、産地にこだわったり、なるべく無添加のものを選んだりします。安いに越したことはないですが、それよりも表示を見て品質を気にします。

実は、不動産投資も同じ考え方ができます。値段だけで言えば魅力的な物件もありますが、それよりもモデルルームの見学をする時のように、立地・内装・設備も気にします。**基本的に私は自分のなかで「自分が将来住んでもいいと思えるくらいの物件」を探す**ようにしています。最寄り駅から近くて、角部屋だったり、お風呂に窓があったり……自分が住んでもいい条件を当てはめて考える。自分が住んでもいいと思えるくらいだから、ほかの人にとっても魅力的に映る可能性は高い。そうした目線で物件を選ぶので、せっかく買ったのに誰も入居してくれない、という空室リスクを避けることにつながり、実際常に私の保有物件は満室経営となっています。

最近は、アプリやクーポンサイトをチェックする人も増えていると思います。しかし、見るためのツールが何であっても、中身をチェックしようとする脳の働きは同じだと思います。

値段だけではなくて、買いたいもののスペックまで吟味して良い情報を見つけ出す。そして自分にとって本当に納得できる条件を自分がわかっている。それができれば自然と投資の相場観が養われてくると思います。

このようなリサーチ力は、間違いなく投資の実践にも生きてくるはずです。たとえばマンションを買う時も、同じマンションで売りに出ているほかの階の物件なども参考にして相場をチェックします。そうすると、あの部屋はこれくらいだから、この部屋は安く売られているなど、比較ができるようになります。毎日見ていくことで、相場観が身につくでしょう。

そうやってきめ細かく比較して買える女性の特性は、不動産投資にも通じてくると思っています。

お得なクーポン・無料体験でヒントが見つかる

世の中には、クーポンや無料体験といったお得情報があふれています。「うまい話には裏がある」と言われるように、その手の情報は怪しいから近づかないという人もいるでしょう。

時間がムダだという人もいると思いますが、やはり**比較して目を養うためには無料体験は良い機会**です。

大事なことなので何度も言いますが、**投資というのは、安く買うと成功します。**これは投資に限りませんが、安く買うためには市場の価値をわかっていないと難しい。

「これはいくらくらいなのか」という相場観を持つためには、経験値が多いほど有利です。「こっちは安いけど、安いだけで幸福感がない」とか、「こっちの塾は高いけど、先生の質が良い」というように、比べる知識の土壌を養うためには、やはりたくさん比較できた方が良いでしょう。

「この会社の株価は、少し前はこれくらいだったけど、今はこうなっている」「同業他社と比べて割安」等、その時々により判断できるようになるためには、経験を積み重ねることです。それはふだんの買い物でも、子どもを塾に通わせるのでも同じです。**比べることができれば何に価値があるのかがわかってくる**でしょう。

そして、投資の世界で比べられるようになると、利益が出るようになります。自分の足で動いて、自分の肌で感じて、これなら大丈夫という確信につながります。

お金に詳しい友だち同士で一緒に楽しめる

家庭だけ、あるいは会社と家の往復だけといった狭い世界で暮らしていると、なかなか世界は広がりませんが、**殻を破って一歩外へ踏み出してみると、思わぬ出会いが待っているはず**です。

私もそうでした。子どもが小さい頃は子育てに追われ、外の世界になかなか踏み出せずにいたこともありましたが、育児が少し落ち着いて一歩踏み出すと、多年齢・多経験の友だちがたくさんできました。

みなさんは『四季報』はご存知でしょうか？ 日本を代表する上場企業がすべて網羅され、紹介されている本で、80年以上前からあります。

私は30年近く、時間があると『四季報』をバイブルのように眺めています。知り合いの紹介で「四季報を勉強する会」を主宰する方とご縁があり、その会主催の「四季報勉強会」にも定期的に参加し、学びと出会いを広げています。

また、オリエンタルランドの株を持っている友だちとは「ディズニーの株主優待がきたね。近いうちに一緒に行こう」と計画したり、ソフトバンクグループの株を持っている友だちとは「株主総会に行って、社長の孫（正義）さんのお話を直に聞こう」と話したりと、世界が広がっています。

コロナ以降は「オンライン株主総会」が主流ですので、より気軽に株主総会に触れられるようになりました。ぜひ覗いてみてください。

女性同士のつながりからは「こういう面白いサービスやいい商品があるよ」といった、自分だけでは気づけない情報も入ってきます。そうやって、**殻にこもっていてはわからなかった世界が広がっていきます。**

私自身がそうだったように、**一歩踏み出せば、共通の目的を持った友だちが増え、自分自身の成長にもつながります。**

そして、そこには、自立している女性たちがたくさんいます。

投資の先進国といわれる米国では、「投資クラブ」という投資家同士の集まりが普通にあります。高額な会費を払わなくても、一般的なサークルみたいにみんなで集まって勉強会をし、高め合っていくしくみが発達しているのです。

これから先、女性だけの投資クラブが日本でも普及していくと思っています。

女子会の雑談から投資のタネが見つかる

女性同士だと、ちょっとした時間でも場所を問わずに井戸端会議をして、いろいろな情報交換をしたりすることもあると思います。子どもを塾に通わせようと思ったら、「ここが評判がいい」「あそこの先生が人気あるよ」など、ママたちは親切に教え合います。

塾に通わせることだけではなく、株式を上場している進学塾もたくさんあります。評判のいい塾を運営する会社の株を買ってもいいし、**ちょっとした雑談からも「投資のタネ」が見つかったりする**のです。

また、株主総会の帰りにレストランで女子会をやったりすると、さらに広くて深い情報を聞けますし、おしゃれなレストランを展開する会社の株を買うと、株主優待で食事もできます。

私の場合は、自宅の近くにレストランがある「バルニバービ」（３４１８）や「きちりホールディングス」（３０８２）の株主優待券が重宝しています。

また、「無料」「お得」にも敏感な女性は多いもの。私のかつてのお客様で何億円も資産を持っている方がいましたが、そんな資産家の奥様でも「この店に朝10時に行ったらお得なのよ」とか「これ半値で買えたの」などと本当に楽しんでいて、よく紹介してくれました。

そうした女性の習性は、たぶん使い切れないくらいお金を持っていたとしても、変わらないのではないでしょうか。他人からみれば「もういいじゃない。お金を気にしなくてもいいんだから」と思っても、そこには違う価値観があるのだと思います。

いろいろな経験をして知識を得ていこうとすれば、すべてにお金を払っていたのでは、いくらお金があっても大変です。

いろいろと経験することでお金を増やせるようになるのが、うまい投資家です。そのためのスキルを上げるには、いかにコストを少なくして知識を増やすことができるか。そして、それを自分のものにしていくかです。

無料体験や日々の生活から楽しく学べるような工夫ができる女性は、投資に向いていると思います。

投資のできる女性がどんどん増えていく

いかにムダなコストをかけずに「投資体質」を高めていくか。たぶん、それは女性の方が得意だと思います。

加えて女性は、賭け事や大きな一発勝負はやらないタイプの方が多く、お金を一瞬で失うことは少ないでしょう。

殻を破る女性がどんどん増えていけば、「投資体質」が備わって成功する女性がたくさん出てくると思います。1人出てくれれば、それが3人、5人と増えていき、身近に女性の成功モデルを感じることができるようになります。

そうなれば、この章の冒頭で説明したように、「成功している女性がそばにいないから一歩踏み出せない」ということも今より減っていくのではないでしょうか。

かつて『金持ち父さん』シリーズで一躍有名になったロバート・キヨサキさんの登場が不労所得、不動産投資ブームに火をつけたように、この先、女性がコツコツとリスクなく投資で成功できるモデルが出てくれれば、賢い投資ができる女性はどんどん増えてくるでしょう。

近い将来、私は必ずそうなると信じています。

第2章

貯蓄

最も効果的な貯め方は天引き

ある女性から相談がありました。

「少し前に『老後資金2000万円不足』問題（2019年に金融庁が報告書をまとめたものの、後に政府が却下した問題）もあって、老後に向けてお金を貯めなくてはいけないということはわかっています。だけど、何からやっていいのか、わからない」。

「塵も積もれば山となる」ように、まずはその「塵」を貯めるところから始めないと「山」には到達しません。

一番効果的な方法は、給料など収入が入ったその日に抜いてしまうことでしょう。天引きにして強制的に貯める。またはあらかじめ貯める分を抜いて、それはもう手元にないものだと考えて、残ったお金で暮らしてみます。

それができれば、一番効率よく貯められるでしょう。もし、会社員で財形制度がある場合は、あらかじめ強制的に天引きし、貯蓄に回すお金は初めからないものとして生活してみる。それが確実で早いと思います。私も新入社員の時はそれを利用していました。

月々の貯蓄額はあまり大きくすると続きませんから、できれば収入の10％を次の給料日から残してみる。もちろん、それでは苦しいのであれば、5～10％を目安にしてみてはいかがでしょうか。

月給10万円なら5000円～1万円、月給20万円なら1万～2万円。今までまったく預貯金していない人がゼロから始めるだけで、大きな一歩を踏み出したことになると思います。

金額ではなく、まず毎月決まった額を貯め続けるという「習慣」をつけることが重要です。それは初めからないと思って生活してみてください。金額は人それぞれ違うと思うので、あくまで自分が長続きすると考える、もっと言えば心地よく、負担をあまり感じなくて済む金額がいいでしょう。

そして負担を感じないところで始めていって、もっとできるかもしれないと思ったら、少しずつ増やしていけばいいのです。

目標金額を設定することも重要ですが、最初からあまり大きくすると続かなくなる場合もあるので、頑張ればできそうな金額にしてみましょう。

たとえば学生ならひとまず5万円、10万円貯めることを目標にしてみるのはいかがでしょうか。仮にブタの貯金箱に500円玉貯金をしたとすれば、100回入金できたら5万円に到達します。

週500円ずつでもいいから貯金箱に入れてみる。小さく初めてとにかく続けていけば、やがて加速していきます。今週は500円だったけど、来週から600円にしてみて、再来週は700円にしてみようか。ちょっとずつ増やしてみて、やっぱり難しいと思ったら、700円から600円に戻してみる。ただ最低限の500円は下回らないようにしよう、といったふうに自分で習慣づけていくことができます。

あるいは安定的な収入があるなら、ベースとなる月収が上がれば、その5%も5000

円から6000円、7000円と上がっていくかもしれません。

こうして「貯める」ことと同時に大切なのが、「収入を増やす」ということ。まったく働いていない女性は、働いてみると出会いに加え、投資の面でもまた変わった景色が広がるでしょう。

最近読んだ本のなかにベストセラー作家の橘玲さんが書いた『専業主婦は2億円損をする』（マガジンハウス刊）という本があります。女性は生涯働き続けると2億円を得られるようです。自分の特技や好きなジャンルなどを仕事に結びつけられれば、あまり負担を感じず、自然と楽しく働けると思います。

「節約」するなら固定費を見直す

貯蓄を増やすために「収入を増やす」以外に、「支出を減らす」というやり方もあります。真っ先に思い浮かぶのが「節約」ですが、私はあまり頑張りすぎない方がいいと思っています。

たとえば食費を切り詰めて、10円、20円安いところで買う、なるべくまとめ買いしておく等、いろいろな節約術がありますが、そこで最大限頑張っても、月に何円節約できるか考えてみてください。

ストイックに節約できることは才能です。その才能の一部を投資の勉強に生かすことができれば、もっとお金を増やすことができると思うのです。その節約力を生かして、そこに投資を組み込む。そうしてもっと強い基盤ができたら最終的なリターンは大きくなると思います。

せっかく節約するなら、本当に節約すべきムダな「浪費」と、生活に不可欠な「消費」を分けて考えるのも方法の1つです。

「節約」と言うと、日々の生活費をどう削るかばかりが注目されますが、そのように**月々で変わってくる「変動費」よりも、毎月必ずかかってくる「固定費」を見直した方がより効果的**と言えます。

「固定費」と言えば、住宅ローンや家賃、生命保険などの保険料、スマホ代などがありますが、これらを見直せば、食費で10円、20円と節約するより、はるかに大きな金額を安定的に削減できることになります。

なかでも「生命保険」は見直せるポイントが多いと言えるかもしれません。

公的な健康保険には、すでに「高額療養費制度」というものがあり、最終的に支払う自己負担額には上限があり、それを超えた分は戻ってくることが、知られています。

収入によって異なりますが、たとえ病院で1か月に100万円かかったとしても、年収770万円以下なら最終的な自己負担額は10万円もかかりません。

保険料を払って医療保険に加入しなくても、みなさんが持っている公的な健康保険でそこまでカバーできてしまうのです。

そうすると「医療費が心配だから」という理由で、本当に医療保険を高額にかける必要はあるでしょうか。

もちろん、保険に加入する理由は人それぞれですし、性格もあるでしょう。保険でないと備えられなくて、安心料として持っていたいという人もいると思います。

どちらの場合も自分のスタイルと照らし合わせて、ムダに加入しているような保険があれば見直してみましょう。

肝心なのは、自分の生活スタイルに合わせたお金の流れをつくること。どう考えてもそこはいらないなと思ったら削り、貯蓄など必要なところが足りていないなと思ったら増やす。そのようにメリハリをつけることが大切だと思います。

自分名義の証券口座をつくる

少しでも多く貯めるために、支出を減らす方法をいくつかご紹介してきました。

ここからは実際に貯めることを考えていきたいのですが、まずはその受け皿から考えてみましょう。

みなさん自分名義の銀行口座を持っていると思いますが、投資のための銀行口座をもう1つ持つことをお勧めします。

使っていない口座があるという人はそれでもかまいませんが、家計の口座とは別にした方が良いと思います。貯金額や投資履歴などを常に把握できるからです。

自分名義の「銀行口座」を持っているとして、**次に自分名義の「証券口座」は持っているでしょうか？ 持っていない人は、ぜひ開設してみましょう。**

ご主人やご家族が証券口座を持っている人もいるかもしれませんが、ご家族ではなく、ご自分名義の証券口座をつくることが大事です。

また、夫が十分に稼いでいるから妻は働く必要がない、といった羨ましい家庭でも、前述したように、いつか夫が亡くなって財産を相続する場合など、いずれお金を管理しなければならない場面は出てきます。

そこまで考えると、やはり妻が自分名義の銀行口座のみならず証券口座を開設しておく必要があると思います。

独身の時に貯めた貯金を定期にしてそのまま持っている女性は、意外と多いかもしれません。私もかつてはそうでした。結婚前後は忙しく、結婚後に妊娠出産育児に追われていると、本当にあっという間に数年が経ってしまいます。そして気がついたら、旧姓のままの銀行口座がそのままあったりしました。

仲の良いママ友に、株式投資について説明すると大変興味を持ってくれて、彼女は行動力もあったので、すぐに独身時代の定期貯金を解約し、証券会社に自分名義の証券口座をつくりました。

「自分名義の証券口座を新たにつくるというのはドキドキしたけれど、意外に簡単だったわ」と、彼女も言っていましたが、実際、開設することはとても簡単です。

ちょっとここでアドバイス。

夫は株をやっていても妻はやっていないという家庭も少なくないと思いますが、**証券口座を持っている人が死亡すると、その口座は凍結されてしまいます。**すぐには株を売って現金化して、そのお金を相続する人の銀行口座に移すことはできないのです。

手続きとしては相続だから家族全員分の戸籍謄本などが必要になり、手間も時間もかかります。

そうしたケースは、私が証券会社に勤めていた頃もよくありました。何銘柄も持っていたりすると、奥様はどうしていいかまったくわからない、というケースも多かったです。

もちろん生前に夫が株を売って現金化していれば良いのですが、なかなかそういうわけにはいきません。

夫が亡くなってから現預金や株券が出てきて困らないようにするためには、やはり妻も前もって自分名義の銀行口座だけでなく証券口座もつくっておいた方がいいと思います。

相続の時点で慌てるよりは、株のことも長く学んでおきましょう。実際長く学んでいた方が成功する確率も上がるし、貯められる金額も増えるでしょう。

ネット証券の場合、口座管理料もかかりませんから、口座を開設するだけなら無料です。まずは、とにかく開設しておくといいと思います。

ネットの情報を見ると、証券会社の選び方などもありますから、それを参考にするといいでしょう。売買する時の手数料などは、ほぼ横並びなので、最初はそこまで細かく気にしなくてもいいのでつくってみる、というスタンスで始めてみましょう。

そして慣れてきたら、2〜3社の証券会社に口座を開くことをお勧めします。証券口座が1社だけだと、その証券会社のシステムに不具合が起きて肝心な時に取引できなくなる場合があります。

そうした時でも、別の証券口座で売買できるようにしておけば、慌てないで済むでしょう。

また、用途によって口座を使い分けることで整理しやすくなるという利点もあります。実際私も数社の証券会社に口座を持ち、この口座は優待株・この口座は長期投資株・この口座は積立投資と分けて活用しています。

「どこの証券会社を選べばいいのか？」と悩む前に、まずは1社で証券口座を開いてみる。SBI証券、楽天証券、マネックス証券、カブドットコム証券などの大手ネット証券であれば、何かあった時のコールセンターやアフターケアも充実しているので、安心だと思います。

そして、1000円でもいいから株を買ってみてください。「百聞は一見にしかず」です。自分で体験することが何より重要です。

自分の属性に応じて、たとえば楽天ポイントを貯めているから楽天証券、というようなことで構いません。

私の場合はGMOフィナンシャルホールディングス（7177）・GMOアドパートナーズ（4784）・GMOインターネット（9449）の株を100株ずつ保有しているので「GMOクリック証券」の口座も利用しています。

100株ずつの保有で、3社あわせて最大年間1万8000円の株式買い付け手数料がキャッシュバックされます（実際は6月末、12月末の半年ごとに9000円が証券口座に入金になり、1年で1万8000円です（2021年6月現在））。

みなさんもぜひ「投資用の自分名義の口座」をつくってみてください。

「夢貯金」という方法

お金を貯めるやり方のひとつとして、私は「夢貯金」というものをやっています。字の通り「夢」を叶えるための貯金です。

これは何かと言うと、関西で生まれ育った私は、結婚して東京に出る時に、親友と離れることになりました。

独身時代にいつも食事や旅行を一緒にしていた彼女と物理的に距離が離れて会えなくなってしまうので、友情の証として今後もつながりを持ち続けようということで、2人で口座をつくりました。

「お金が貯まったら2人で世界一周しようね」という夢を込めて、お互い月3000円ずつ(2人で6000円)貯金することにしたのです。それが、名づけて「夢貯金」です。

私が通帳を持って、親友の彼女がキャッシュカードを持つようにして、10年経ったら3000円×2人×12か月×10年=72万円が貯まっている計算です。

お互いに育児をしていると時間があっという間に過ぎ、離れて10年後、2人で実際に72万円を目にしました。「すごいね、夢貯金。楽しみが大きいから負担感覚ゼロ、楽しみ100％で貯まったね」「ここまできたら100万円が見えてきたね」と言って喜びました。

そこで、世界旅行はまだ先の話なので、何に使おうかと相談し、お互いの家族を連れて北海道スキー旅行をすることにしました。

私と彼女の家族あわせて、計8人分の旅行代を夢貯金で賄えました。子どもたちにも「ずっとママたちが3000円ずつ夢貯金していたから、今日は無料だよ」と言うと「すごい、よく貯めたね！」と驚いていました。きちんと通帳も見せて、お金の教育もできた、有意義な旅になりました。

これはいいということで、彼女と盛り上がり、そこからは月5000円ずつに増額して続けました。さらにお金が貯まって、また使おうということになり、今度は両家族でディズニーランドに旅行をしました。文字通り「夢」を叶えています。

この「夢貯金」にはすごい力があります。1人だけで貯めていてもどこかでくじけるかもしれないですが、**2人でやっているから絶対にくじけないし、貯まったお金はまた彼女と楽しく使うのだと思うと、夢が膨らむばかりです。**

お互いに忙しくて入金を忘れることがあっても、どちらかが気がついて声掛けすることで、ストップしてしまうこともありません。

不思議なもので、同じ2人で何かをするにしても、夫婦だと近すぎるせいか、通帳とカードを分けて持ってもあまりドキドキしません。やはり離れて遠方で暮らしている友だちだからこそ、私が通帳を記帳したら、そこに彼女がカードで振り込んだ記録があって、その瞬間に「友情」を感じるようなところがあります。


「夢貯金」は、今でも続けていて、さらに夢を膨らませています。お互いの育児がもう少し落ち着いたころ、本当に世界旅行に行ける日も近そうです。


実はこのアイデアは、私が証券会社に勤めていた頃に見つけたものです。当時、お客様のなかに上手に貯金をする紳士がいらして、「ポイポイグループ貯金」をしているというので詳しく聞いてみました。

男性の仲良しグループ4人がいて、飲み会（毎月給料日後の金曜）で集まる度に4人から現金を5000円ずつ回収し、その場でポイポイと茶封筒に入れて貯めていたそうです（封筒なので利息はつきませんが）。

ある程度の金額になったら、ゴルフや温泉に行って楽しむ。そのための貯金だと言っていました。

「ないものだと思ってポイポイ入れておくとこんなに貯まる」「飲み会の度に貯金額が増

えていくので、4人で何に使うのか案を出し合って集まる度に盛り上がる」とも言っていました。

「まず天引きなどして強制的に貯めるしくみをつくろう」と私が言っているのは、そうした話からも効果を実感しているからです。

やはりひとりでコツコツ貯めようとすると長続きしないかもしれませんが、仲間で目に見える形で貯めていけば楽しいと思いませんか？　そうやっていろいろな貯め方をする習慣をつけていけば、ほったらかしでも貯まっていくと思います。

そのほかに私は「バッグ貯金」というものをしていて、欲しいバッグを見つけた時などに封筒に「バッグ貯金」と書いて、暇を見つけては入れていきます。楽しみながら知らず知らずのうちに貯まっていくので、目標額が貯まった時に購入します。

結局、自分が楽しめる目標をつくっておかないと、何のために貯めるのかわからなくなり、楽しくありません。

何か不幸があった時に備えておく保険とは正反対で、楽しむためにお金を貯めておく。生きているうちに楽しく使うために貯金をすることも、長続きさせる秘訣だと思っています。何より封筒に入れるだけですから、今すぐに始められます。

「楽しく使うため」に貯める

振り返ると証券時代には「ただお金を増やしたい」よりも「お金の使い方がうまい先輩」や「お金を楽しく使っていて資産も減らないお客様」が周りに多くいたように思います。

そんな環境のなか、私も「楽しく使うため」にどうしたら良いかをいつも自然に考えるようになりました。

なかには、10円、20円安いモノを買うために30分かけて行って買い物をする人もいると思います。だけど、その30分を時給に換算すると、果たしてお得と言えるでしょうか。

それならば10円、20円高いモノを買えるように、買い物に行く時間で働いて給料をもらうか、または投資することが有効なのかもしれないと、ある日感じました。

税金や社会保険料が増し、物価も上がっていけば、10円、20円の節約に励んでも、その努力が水の泡になる可能性があります。だからこそ家計の負担増や物価上昇にもたえられるように、収入や投資リターンを上げていくことを考えればいいのです。

大きな経済の流れのなかで、税金や社会保険料が上がることを自分の力でどうにかすることはできませんが、自分の収入や貯金を増やす努力は自分の力でできる部分です。

ただ、同じ節約と言っても、決まったお店で買って、ポイントを貯めるのは賛成です。出費を抑えるのではなく、「使って貯める」わけですから。何かをマイナスすることに努力するのではなく、自分の行動によってプラスされるものは、いわゆる節約とは違う発想だと思うからです。

まずは「楽しく使う」ことが先にあると、貯めることに負担を感じないでしょう。先ほどの「お金の使い方がうまい先輩」も飛行機のマイルを貯めて、よく無料航空券で海外旅行に行かれていました。

ジョギングにたとえてみましょう。ただ走るためだけだと、どこかで辛くなってきて長続きしませんよね。それを「自分が健康になるため」と目標を立てて考えると、長く続けられるでしょう。

お金も同じです。**「自分が楽しく、幸せになるため」にお金と健全につきあっていく。**お金とうまくつきあっていく人生行路があるとして、ずっと息継ぎもせずに続けることはできませんから、新鮮な空気を吸ってまた吐くという「呼吸」を繰り返し、楽しみながら走っていく。それができたら、世の中の経済とうまくつきあっていける。ひいては自分のお金ともうまくつきあっていけると思います。

投資に向いている体質、いわば「投資体質」になるには、まずムダな浪費をしていないか、家計のメタボを排することから始めてもいいかもしれません。しかし、先ほどからお伝えしているように、ただただ節約に励んで息継ぎもしないようでは、辛くなるばかりなので、あくまで無理のない範囲で始めましょう。将来的に楽しめる目標を持っていると続けやすいです。

楽しく使うために貯める――やはり節約という「引き算」にあわせて、「足し算」のプラス発想も加えていくことで「投資体質」に自然となれると思います。

✦まずは30万円貯める

「気持ちよく貯めて、気持ちよく使う」という、ここまで心の持ちようについてお伝えしてきましたが、ここからは目に見える数字のお話をしたいと思います。

みなさんが将来的に貯めたいと考える目標金額は、人それぞれだと思いますが、ひとまずこの本では、それぞれの目標金額に向けたやり方をご紹介しておきましょう。

まずは「30万円を貯めるまで」にどうしたらいいでしょう？

計算上では、月給20万円の人がその1割を貯めるようにすれば、15か月で達成できることになります。

ゼロから始めようとするとエネルギーが必要なので、ここが一番大変だと思いますが、いざ一歩踏み出してみると、それほど難しいことではないでしょう。

ひとまず1年やると決めてはいかがでしょうか。月2万円の貯蓄を1年続けると24万円になりますから、30万円という目標は自然と見えてくると思います。

あるいは、これまで説明してきたように、誰かと一緒に「夢貯金」をやることなどを組み合わせていけば、達成できるはずです。

自転車でも最初の一漕ぎは力がいりますが、あとはスイスイ漕げるのと同じで、習慣化できれば、それほど苦労と感じなくなるものです。

私の若い頃で言うと、給料から天引きしていたので、気がついたら貯まっていたような感じでした。そうした強制的に貯めるしくみにしておいたから貯まったのだと思います。

さらに言うと、30万円が貯まれば、生活費とは切り離せる余裕資金が30万円あるので、それを元手に株を買うなど、投資に目を向けられるようになってきます。1万円で買える株もあるし、プチ株・ミニ株など1万円以下で投資できるものもあります。それを目標に「まず30万円貯める」という考え方もいいと思います。

それから、貯める先をどこにしたらいいかという悩みもあると思います。私は、自分が気持ちよく貯められるところなら、銀行でも貯金箱でもどこでもいいと思います。先ほどの男性4人の共同貯金のように、封筒でも良いのです。

100万円貯めてみる

30万円が貯まったら、次は100万円を目標にしてみましょう。

30万円貯めるまでと同じようなペースで天引きにして強制的に貯めるとして、それだけでは貯まるペースは上がらないかもしれません。それでも0から30万円まで貯めた実績を考えれば一番大事な一歩は踏み出せたと思います。

単純に考えて30万円貯めたパターンをあと3回〜4回継続することで100万円を貯めることができます。３〜４回繰り返すことを「負担がない」と感じる方も、「果てしない」と感じる方もいるでしょう。

ここでは、いよいよ投資を絡めて考えていくことにしましょう。ここでは、学びながら、効率よく増やすことを意識します。

それまでの天引きのペースを維持しながらも、一部の余裕資金を投資に振り向け、「貯蓄」と「投資」という両輪で考えていきましょう。**少額から投資できるプチ株やミニ株、積立投資を視野に入れてみてはいかがでしょうか。**

何より、ここから本気で貯めようと思う方は、より本格的に投資全般の勉強を始めていくことです。

投資を学ぶということにおいては、早いに越したことはないので、できれば30万円貯める前段階から予習しておくと、１００万円を貯めるにあたっても、その知識が役に立つことでしょう。

投資について勉強することで、株式はもちろん、税金、保険、不動産といったお金に関わるすべてことを、漠然とでも意識することにつながっていきます。

いかに税金・保険・不動産を理解し、工夫し活用できるかで、資産形成の速さや内容も大きく変わってくるでしょう。

ここでは、さっそく日経平均株価を見てみましょう。

日経平均株価とは日本を代表する225銘柄の平均株価で、日本の株式市場の代表的な株価指標の1つです。

東京証券取引一部に上場する銘柄のうち、日本を代表する225銘柄を元に算出され、「トヨタ自動車」「ソフトバンク」「NTT」「シャープ」など、有力銘柄で構成されています。

2012年に安倍晋三・前首相が経済政策「アベノミクス」を始める前、当時の日経平均株価は8000円台でした。

それがアベノミクスに伴って2015年2万円を超えました。また最近では新型コロナウイルスの影響で1万6358円（2020年3月）まで下落した後、その約1年後には3万467円（2021年2月）まで達しています。

相場全体の値動きを示す日経平均が8年余りで3倍以上に膨らんだことを振り返ってみても、株式投資で「長期的」に資産を増やすことは決して難しい話ではありません。

また、**元手が100万円あれば、選択肢は間違いなく広がります。**株価の上昇を期待できる銘柄もあれば、株価上昇はさほど期待できなくても、持っているだけで受け取れる優待や配当金もあります。

株だけではありません。**100万円を超えて、さらに長期での資産形成を考えていく段階では、「不動産投資」も現実味を帯びてくると思います。**これについては第4章で詳しく説明していきます。

私が30年近く株式市場等の投資対象を観察し、自分も投資をするなかで、間違いなく言えることがあります。

それは、**選択肢が増えると、その時の情勢によってさまざまな投資先から利益を得られるようになり、資産も加速度的に増えるということ**です。

どれだけお金を貯めるかよりも、**重要なのは、どれだけ知識を蓄えたか、です。**100万円を超えて長期的資産形成を目指そうという頃から、その人が持っている「器」に応じて、そこから先は大きく変わってくると思います。

貯金する体質・習慣が身について目標金額が貯められるようになれば、後は知識と体験を掛け合わせることで、資産は順調に増えていくでしょう。

ここでは、この時期に注意したいことについて書きたいと思います。赤ちゃんの時にはみなさんも「予防接種」を打ったと思いますが、投資においてもあらかじめ「予防接種」をしておけば、実際にかかってしまった時に症状が軽く済むという効果があります。このページは抗体を作るつもりで読んでくださいね（もちろんかからないのが一番です）。

世の中にはさまざまな金融商品や投資話があります。なかには投資でなく、投機や詐欺も混ざっています。あなたがある程度の貯金ができるようになると、多方面から「勧誘」や「誘惑」がくることもあるかもしれません。見るからに怪しい風貌だったら騙されるようなことはないと思うのですが、一見「爽やか」「感じが良い」「異常に親切」な方もいるので要注意です。また、**投資の経験値に応じて易しい商品から難易度の高い商品まで存在します。**たとえば簡単に分けるとこのようなイメージです。

易：「普通預金」「定期預金」「債券」…元金はほぼ変動せず、決まった日に決まった利息が出る

中：「投資信託」「ＥＴＦ」「株」「金」など…元金が変動、配当も変動

難：「ＦＸ」「信用取引」…自分の保有金額の数倍まで投資でき、激しく変動

初心者がいきなり難易度の高い商品に手を出すということは、初めてスキー板を履いたばかりの子どもが、雪山で上級コースの斜面を滑走するのと近いでしょう。

目先の値動きに一喜一憂しない

何事にも良いこと、悪いことがあるように、万全のリスクを考えていても、損失が出ることがあります。

株の世界にも、「もうは、まだなり　まだは、もうなり」という格言があります。もう下がらないと思う時は、まだ下がるだろう。もう上がらないと思ってからまだ上がる。まだまだ上がると思う時は、もう下がるだろうということです。逆もしかりです。

また、「頭と尻尾はくれてやれ」という格言もあります。魚の頭と尻尾まで食べることはせずに、一番高いところで売ろうとするな、一番安いところで買おうとせずに適度なところで売買しなさい、という先人の教えです。

あそこで売らなければもっと儲けた、買ったら下がったなどと、毎日の値動きに一喜一憂しないことが大事です。

個人投資家の故・竹田和平さんが「上がって良し、下がって良しの株価かな」と言っていました。株価が上がったら資産が増えて良し、株価が下がっても良い会社を安く買えるチャンスなので良し、ということです。

目先の値動きに一喜一憂していては、楽しむどころかストレスが溜まってしまいます。あくまでも、将来の株価（2〜3年後）が良くなると信じていれば、今日の株価はあまり気にならないはずです。

反対に長期に株価が下がると思えば、早目に売ってしまうのが良いでしょう。長期に下がると思いながら、もう少し上がってからなどと思うのは、これもストレスが溜まると思います。

また、現在は新型コロナウイルス、過去にはリーマンショック、東日本大震災のような経済危機も起こりました。このような危機は、いくら勉強しても私たちが事前に予測することは不可能です。

大幅に株価が下落した場合は、売りが売りを呼び、ストップ安になることもあり、2〜3日売れないことも起こります。

まず大前提として、そうなっても当面生活に支障がないお金で投資すべきです。**すべての最大のリスクを「想定内」にしておくことで、余裕のある投資ができます。**

過去の経済危機の結果を見ても、その時に狼狽売りをするよりも、持っていた方が良い場合の方が多いです。

半年から1年くらいで元に戻ることが多く、みなが売っている時こそ、信念をもって買いにいくことが結果的に大成功につながることもあります。

「人の行く裏に道あり、花の山」というのは、株で儲けるためには、多くの人と反対のことをしなければならないという格言です。

この格言からも、みながいいと言っているから、人に勧められたから、という理由だけで投資をしてはいけない、ということがわかります。

投資の世界では、ホームランはまぐれで打てることもありますが、ヒットを何本も重ねることはコツコツ勉強していく以外に方法がありません。

自分の頭で考え、判断していなければ、たとえ1、2回の成功やビギナーズラックがあったとしても、長期にわたり成功することはできません。

女性の投資は特に、逆転ホームランを狙うのではなく、ヒットを積み重ねることで、確実に資産を増やしていけるでしょう。

現在の貯金、投資できる金額、年齢、家族構成……、人それぞれリスク許容度は違ってきますし、株式投資と言っても、日本だけで3700社以上の上場会社があります。海外の会社も視野に入れれば、さらにさまざまな選択肢が考えられます。

また、不動産投資と一口に行っても、物件の数は数えきれないほど存在しています。

そのなかで大切なことは、人の言うことをうのみにせず、自分自身で汗をかいて勉強することです。それが、成功への近道だと思います。

第3章

投資信託・ETF・株

投資の第一歩を踏み出す

ここまで、お金の貯め方、使い方について説明してきました。

繰り返しますが、**現在、銀行の定期預金の金利はわずか0・001％、100万円を預けても1年間の利息は10円**です。

あまり増えない状況では銀行に預ける必要性を感じられず、現金を家にしまい込んだままの「タンス預金」が増えているのも当然かもしれません。

少しでも資産を増やそうとしたら「投資」に踏み出すほうが有利です。先日ママ友からこんな質問を受けました。

「投資しないとお金が増えないのはよくわかったの。では、どこに投資すればいい？ 株はどうしても下がるイメージもあって、投資信託、ＥＴＦ（上場投資信託）、通貨や金（ゴールド）など種類が多くて悩んでしまって……。最近では『ＮＩＳＡ（少額投資非課税制度）』や『ｉＤｅＣｏ（個人型確定拠出年金）』等いろいろなものが出てきているし、何から始めたらいいの……？」

そんなに難しく考える必要はありません。ただ、これだけは覚えておいてほしいということがあります。

投資にリスクはつきものです。でも、そのリスクは減らすことができます。

一番リスクが高いのは、自分のよくわからないものに手を出している時です。逆に言えば、自分がよくわかっているものに投資すれば、リスクを少なくすることができます。身近にあり、理解できる商品やサービスを取り扱っている会社へ投資する、ということを徹底すれば、よりシンプルに考えられるでしょう。

また、**最初は少額投資をすることを必ず守ってください。**どんなに自信があり、この会社が大好きだと思っても、間違っても最初からすべての資産を投じることだけはしないようにしてください。

もしも、投資している途中でも気になることがあったり、理解できない状況に陥ったりしたら、必ず立ち止まって見直します。

間違って買ってしまったと気がついた時には、冷静に売却し、振り出しに戻ります。

小さな金額でこれを繰り返していく内に相場観が養われ、上手に運用できるようになります。

投資の勉強をしたいと思ったら、体験に勝るものはありません。あくまでも余裕資金の範囲内で、ミニ株やプチ株、少額積立などで、ぜひたくさんの種類の投資対象に触れてみてください。

実投資から得られた体験は必ず将来への糧になります。勉強し続けることと言っても根を詰める必要はありません。時には立ち止まったり、休む時期も取り入れたりすることで、投資が客観的に見えることもよくあります。

楽しく勉強するためには、次のような流れで考えてみるといいかもしれません。

自分のお金を増やす↓お金に困らない↓お金に縛られない「経済的自立」を手に入れる
最終的には「自分で自分を幸せにするための道」へと続いていきます。楽しみを胸に歩き始めましょう。

投資の入口としての投資信託とETF

では、数ある金融商品のなかで、まず何から始めてみるのがいいでしょうか。

投資の「入口」に立つという意味では、「投資信託」や「ETF（上場投資信託）」が始めやすいと思います。

投資信託とは、運用会社が国内外の株や債券などに幅広く投資したものがパッケージ化されているものです。文字通り、「運用のプロ」と言われるファンドマネージャーの投資を信じて託す金融商品です。

ETFは"Exchange Traded Funds"の略で、東京証券取引所などの株式市場に上場する投資信託を指します。一般的な投資信託は株式市場に上場していなくて、証券会社や銀行といった投資信託の販売会社を通じて売買しますが、ＥＴＦは個別株と同様、株式市場で売買されます（厳密には自分の取引している証券口座で売買）。

一般的な投資信託は1日に1回、売買価格が決まるのに対し、ETFは個別株同様、売買価格は1日のなかで刻々と変わるので、換金性や流動性が高いです。

また投資信託は運用方法によって大きく2つに分かれます。1つが、日経平均株価やTOPIX（東証株価指数）といったインデックス（株価指数）に連動するように運用される**「インデックス型」**。もう1つが、ファンドマネージャーの裁量によって自由に運用される**「アクティブ型」**です。

日経平均株価は日本を代表するような225銘柄（トヨタ自動車、ファーストリテイリング、ソフトバンクなど）で構成されていて、TOPIXは東証一部に上場する全銘柄で構成されています。

そして、米国を代表する株指数として耳にしている「ニューヨークダウ」はニューヨーク証券取引所に上場する、わずか30銘柄の平均株価となっています。

このように投資信託はさまざまな株や債券で幅広く運用しているため、大きく上昇する可能性のある個別株に比べれば、大きな上昇は望めないかもしれません。

ただ投資先を分散している分、リスクも分散されて、大きく下がることも少ないため、**あまり大きなリターンは望みにくいが、リスクも小さいことから、投資の「入口」としてはやりやすい商品**です。

ほかにも、メリットとしては、投資信託やＥＴＦは毎月積み立てていくことができます。最初からいきなり大きな資金を投資するのではなく、１０００円から毎月コツコツ積み立てていけます。

急に大きくは増えないかもしれませんが、株や債券がどういう時にどういう値動きをして、相場全体がどう動くかということがわかってくるので、最初に投資の基礎知識を学んでいくにはいいでしょう。

投資信託では手数料に注意

投資信託で忘れてならないのが、手数料です。販売会社（証券会社や銀行など）で買う時に「販売手数料」がかかるほか、運用をファンドマネージャーに任せるため、「信託報酬」という経費がかかります。

この信託報酬は、基本的に自由裁量の「アクティブ型」が高く、機械的に運用される「インデックス型」の方が安くなっていることがほとんどです。

ここで注意することは、**投資信託の買付手数料が高いことと投資リターンが、連動するものではない**ということです。

自由に運用できるアクティブ型の方がパフォーマンス（運用成績）がいいかと言うと、必ずしもそうではありません。

もちろんアクティブ型でもいいものはあります。ただ、アクティブ運用を謳って高い手数料をとっている割に、インデックスのパフォーマンス（運用成績）に勝てない投資信託はいくつもあるのが実態です。

インデックス型の投資信託には、今はノーロード型で買付手数料が無料のものも多く出てきているので、それを利用することをお勧めします。

私自身は投資信託に、苦いと甘いの両方の思い出があります。

苦いと言えば、私が証券会社に勤めていた頃は、バブル崩壊後ということで、株価連動の投資信託は儲からないものの代名詞でした。

当時は、手数料無料のノーロード型株式投資信託はほとんどなく、手数料も高かったのです。１９９２年に入社した時、証券会社で販売していた日本株投資信託はほとんどが元本割れ。信託報酬や販売手数料をとる会社側が儲かり、買ったお客様は損をしている状況でした。正直、当時は自分で投資信託を買おうとは思っていませんでした。

あれから時間が経って、手数料の安いさまざまな投資信託が出てきて、儲かるものももちろんありますし、良い商品もたくさんあります。

実際、今では私も毎月の積み立てで、ノーロード型株式投資信託を買っています。

反対に甘い思い出では、知人が購入していた投資信託の「チャイナオープン（ＨＳＢＣ投信）」という商品が、私の身近で一番上がりました。

これは中国市場に上場している株式やその関連株に投資していくもので、２００２年に1万円で募集し、スタートしました。

２００２年～今までの19年の内に上がったり調整したりを繰り返しながら、今年２０２1年2月に基準価格は5万円を超え、分配金を再投資していたとすると、８万２０００円になりました。

わかりやすく説明すると、１００万円を２００２年に投資していたら、19年後の今には８２０万円になったということです。

その方は３００万円を投資していたので、あのまま保有されていたら、２４００万円になっていると思います。

もちろん、ずっと保有し続けていれば……の話ですが。そのくらい投資信託でも「差」が出るということです。

現時点でチャイナオープンをお勧めするわけではありませんが、長期で投資を考えると、投資信託でもこれだけの大きなリターンが得られる可能性があるということを、覚えておいてください。

よい投資信託・ETFの選び方

自分でしっかり勉強して、なるべくコストのかからない手数料の安い投資信託やETFを選んでほしいと思います。

同じ100万円を投じても、先に手数料分を運用資金から差し引かれてしまうのと、コストが限りなくゼロに近いものとではお金の増え方が違ってきます。

手数料の安さで言えば、投資信託よりもETFに軍配が上がります。投資信託は販売会社である証券会社や銀行に支払う販売手数料がかかるのに対し、ETFは個別株と同様、証券口座で買えるので、証券会社に払う売買手数料で済みます。大手ネット証券の場合、10万円までの売買なら100円以下、50万円までの売買なら300円以下、100万円まででも500円くらいの低いコストで取引できます。

毎日ニュースになっている、日経平均の値動きならわかりやすいと思う人もいるでしょう。日経平均に連動するETFなどの、自分がわかりやすいものであれば、まずはETFで探してみる。

そしてETFで買えないものを投資信託で探してみる。**①ETF、②投資信託という順番で見ていけばいい**と思います。

自分で探してみると、米国株や中国株で運用するものや金（ゴールド）、債券、あるいは特定の業種やテーマに絞って運用するものなど、実にいろいろなETFや投資信託があります。

こんなにあるの？　と迷うかもしれませんが、何より自分にとってわかりやすく、理解できるものから選ぶことをお勧めします。

そして、肝心なのは手数料。投資信託なら、なるべくノーロード（販売手数料ゼロ）を選びたいですし、信託報酬も「0・3％以下」を目安にしてみてください。

それから、**その投資信託にどれだけお金が集まっているかを示す「純資産総額」もチェックしましょう。**

純資産という母体の大きなものは、人気があるからそれだけお金が集まっていると考えると、安心です。母体が小さいものは思うようにパフォーマンス（運用成績）が上がらなかったり、やがて「繰上償還」と言って、運用の途中で商品自体が継続できずに終わってしまったりすることもあるので、要注意です。

銀行選びなどもそうだと思いますが、大手銀行と小さな信用金庫のどちらに預けるかと考えた時に、やはり安心感から大手銀行を選ぶ人が多いと思います。**投資の第一歩を踏み出すのであれば、まずは「コストの安さ」と「安心感」で選ぶのが良い**と思います。

私自身、投資信託を買う時は、純資産総額の大きなものをランキングでチェックして、そこから手数料を見て、「規模が大きくて手数料もかからない」というものから運用実績をよく見て選ぶようにしています。

たとえば、これは一例ですが、「ＳＢＩ・全世界株式インデックス・ファンド（愛称・雪だるま（全世界株式））」はノーロードで信託報酬が０・１１％、「楽天・全世界株式インデックス・ファンド（愛称・楽天・バンガード・ファンド（全世界株式））」もノーロードで信託報酬は0・21％など、探せば出てきます。

これらの投資信託をお勧めしているわけではなく、ぜひ投資信託選びの基準にしてほしいと思います。

そのような**全世界の株式に丸ごと投資することができて、コストも安い投資信託を20年といった長期で運用していくことができればいいでしょう。**


手数料の数％の違いは小さいように思われるかもしれませんが、信託報酬0・2％というのは、仮に100万円投資したとしたら年間2000円。それが1％なら1万円になり、毎年かかってくるわけですから、10年、20年と長期投資していくうえではとても大きな差になります。


私が「信託報酬0・3％以下」を目安にしているのは、言い換えれば「100万円投資して年3000円以上のコストを払うのはどうですか？」と言っているのと同じです。

みなさんもいかにコストをかけないでいい投資信託を選ぶか、というところに目を向けてみてください。

本気でお金を増やしたいなら「株」

ここまで投資の「入口」として投資信託の話をしてきました。金額が少なくても世界の株式に幅広く投資できるメリットなど、投資の入門としては最適の商品でしょう。ただ投資信託だけで資産を大きく増やしている人は周りを見ても少ないと思います。

投資信託が儲からないということではなく、先ほどのチャイナオープン（ＨＳＢＣ投信）のように相場全体の値動きよりも高いパフォーマンス（運用成績）を上げている投資信託はあります（もちろん今後も高いパフォーマンスを上げるとは限りません）。

投資について知る「入口」としては投資信託やＥＴＦでいいと思いますが、さらに資産形成をしようと思っている方は、できればその経験を踏まえて、次のステップに進むことも考えてみましょう。

具体的には、個別の「株」です。

日本証券取引所に上場し売買できる株は3700社以上あり、そのなかで1年間で5倍以上に上がる銘柄がいくつかあるのはご存知でしょうか。

何年間かかけて100倍になる銘柄もある一方で、経済危機などで最悪の場合、その会社が倒産してゼロになってしまうものもあります。

ことさら下がるリスクだけを見てしまえば、「株はこわい」となるのも当然です。でも、**自分の努力次第でリスクを減らし、「大きな」リターンにつなげていくことが十分可能なのも「株」**です。

「株」のメリットからお伝えしましょう。

最大のメリットは、何と言ってもリターンが大きいことです。

今、米国株に勢いがあって、グーグル、アップル、フェイスブック、アマゾンの頭文字をとった「GAFA」の株価などが絶好調という話は聞いたことがあるでしょうか。

数年前に買っておけば、宝くじとは比べものにならない確率で株価が100倍になったものもあります。

たとえば米国アマゾンの株価を見ると、１９９８年に10ドル前後でしたが、直近２０２１年５月には３２００ドルで、単純に23年で３２０倍になっています。10万円投資していたら、３２００万に増えているということです。

実は私も、証券時代に外国株式部の先輩からアマゾンを紹介してもらい、10万円くらい投資していましたが、数日で30万円になったことが嬉しくて、短期間で売ってしまいました。それからも上昇し続けるアマゾン株を今も懐かしい思い出とともに眺めています。

このようなことは、日本でもあります。ファーストリテイリングやヤフーなど有名な企業を何十年か前に買っておけば、１００倍以上になっていました。最近でも、コロナ禍の上下相場でソフトバンクや楽天をはじめ、１年間で株価が10倍以上になった銘柄は多くあります。

絵空事や夢物語ではなく、私たちが生きている間に実際に起きている「大きなリターン」であり、それが株式投資の最大のメリットです。

面白いのは、そのような銘柄を発掘するための勉強は、ネットが発達した今、1円もかからないということです。過去から学び、どういう銘柄なら長期的な成長が望めるかということを探索し続けていれば、一生のうちに数倍になる銘柄に何度か巡り会えるでしょう。女性ならでは視点で、ぜひ広く見渡してみてください。一緒に第二のアマゾンをみつけませんか。

身近なところでは、オリエンタルランド（4661）も数年かけて良く上がりました。私は年間パスポートを何年も継続保有するくらいディズニーランドが好きで、運営会社であるオリエンタルランドの株を数年前に35万円（1株3500円×100株）で買い、優待ももらって楽しんで保有しています。それが最近は170万円（1株1万7000円×100株）前後になりました。

買った値段の5倍ほどになった計算ですが、先ほどのアマゾンでの早売り経験があるので、これは生涯持ち続ける計画です。

このようなことからわかるように、**考え抜いて銘柄を発掘しなくても、みなが知っているような有名な会社が株価上昇することも、株の世界ではよくあります。**経営者の判断が間違ったり、会社が無謀なビジネスに走ったりしなければ、長期でみれば多くの人に支持される会社の株価は上がっていく傾向にあります。

米国で世界的に有名な投資家のウォーレン・バフェットさんは、まさにそれを実践し続けて成功した人でしょう。

バフェットさんは毎日のように自分がコカ・コーラを愛飲していて、コカ・コーラの株を買って持ち続けるなど、自分がよく知っている銘柄を長期保有することで世界一の投資家になっています。このように無理はせず、自分の手の届く範囲で考えていけばいいのだと思います。

投資は、たとえれば、結婚にも似ているかもしれません。自分の子ども（自分が貯めた資産も子どもと同じ）の結婚相手にはどんな人がふさわしいでしょうか。まずは、たくさんある会社から総合的に見て選びます。現在、東京証券取引所に上場している会社は計3700社以上ありますから、そのなかから自分の大切な子ども（投資の場合はお金）を預けるには、何が一番大切でしょうか。やはり「人」を見ますよね。

会社なら経営者です。結婚となると一生をかけてもいいと思える相手を選びますよね。投資も同じだと思います。

そこまで本気で選ぶことができれば、結果にも納得できるのではないでしょうか。

リスクを減らす「買い方」

一方、株のデメリットは、やはり値下がりしてしまうリスクでしょう。

自分がわからないものに投資する時に、大きなリスクになるというのは、前述しました。逆に自分がよくわかっていれば、リスクを減らして大きなリターンにつなげることができるのです。

私が証券会社に勤めていた頃、そんな光景を何度か目の当たりにしました。当時お客様のなかでも、とくに株の上級者が「大きく」儲けていた買い方とは、「一極集中投資」でした。

とことん自分が調べ尽くした1つの銘柄に集中して投資をするのです。ある人はNTTドコモだったり、別のある人は金融株だったり、その人の得意な銘柄です。

一度に数千万円を投資した人もいれば、2~3回に分けて、株価が下がったら買い増すような手法で1つの銘柄に資金を集中させている人もいました。

本来、いくつもの銘柄に分散投資することでリスクを分散させるやり方が基本だと思います。ただ、**大きく資産を増やそうとする人たちは、1つに特化して集中投資することで、大きなリターンを手にする傾向が強かった**のです。

そこから学べることは、やはりとことん調べ尽くして、自分がよくわかるようになれば、極端な話、リスクはとても小さくなるということです。

それだけ勉強していれば、むしろ買い方を工夫することで、よりリスクを減らすことができます。

たとえば「この銘柄」と自分で確信できた会社の株価が下がっても、「この先また上がるはず」と考えて買い増すことで、後で株価が上がった時に「安値で買うことができた」と考えられるでしょう。

そこまで自分がわかっていれば、銘柄を分散するよりも買うタイミングを分散することでリスクを減らすこともあると思います。

株投資の最大のリスクは倒産して価値がゼロになることです。それだけは避けたいので、会社が潰れないような経営者が率いる会社に投資することが重要です。

今は企業の情報開示はオンラインでも見られると思いますので、ぜひ興味のある会社が見つかったら、投資する前に経営者の話を聞いてみてください。

リスクを減らす「売り方」

リスクを減らす「買い方」があるように、リスクを減らす「売り方」もあります。

売り方を考える時に気をつけたいのが、投資する期間です。私は中長期で投資することをお勧めしていますが、その時の状況によっては、半年〜1年の期間で投資する時もあります。

最近では、コロナ禍によるステイホーム、リモートワークの増加でＩＴ関連の株が上がってきましたが、そのようなブームがきた時でした。その場合は、頻繁に株価をチェックして、**売り時となる「出口」を考えておく必要があります。**

株の世界では〇〇祭りと称され、短期で株価が高騰することがしばしばありますが、「〇〇祭り」のブームが去ってしまえば株価は下がってしまうからです。

一般的な株価チャートを見ると、折れ線グラフのようになっているのが「株価」で、棒グラフのようになっているのが「出来高」です。

出来高というのは、その日に取引された株の数量で、それが増えていれば売買が活発で、人気のバロメーターとなっています。

それまで出来高が多かったのに少なくなってくると、ブームの終わりかけのサインとなることが多いです。

しかし、人によって仕事、家事、育児があるなかで、それを毎日チェックし続けることは大変で、仮にチェックできたとしても、常に株価をチェックしている専門のプロたちにはなかなか勝てません。

1日、2日の値動きに一喜一憂することなく、中長期で大きな果実を実らせる方が、安心して保有できるでしょう。

リスクを減らすための売り方として、最近の私自身の体験を挙げます。

ウェブ会議などを提供するブイキューブ（3681）という会社に投資しました。

コロナ禍でリモートワークが増えたことに注目し、検討し買ったところ、そこから3か月くらいで株価が2倍になり、投資金額が2倍に増えました。

そこで半分を売りました。もちろん、コロナ禍でウェブ会議はブームというよりもこれから定着していくと思うので、まだブイキューブは有望と見ていますが、そこで半分を売り、投資した元金を回収したことになります。

そうするとあとは損することはありません。残りの半分で長期的な株価上昇を待つことができます。万が一倒産しても、損したことにはなりません。

もうこうなるとノーリスクで放っておいてもよい余裕が生まれて、あとはリターンが大きくなるのを楽しみに待っていればいい状態です。

これは私だからできたわけでなく、誰でもできます。**株価が上がったから喜んですべて売るだけでなく、元手の分を売って損するリスクをなくしたうえで、より大きなリターンを狙う。**リスクをなくす売り方と言えるでしょう。

「iDeCo」「NISA」、「ふるさと納税」の制度

株式投資をするうえで「iDeCo（個人型確定拠出年金）」や「NISA（少額投資非課税制度）」といったお得な制度があります。すでに利用している人も多いかもしれません。

簡単に説明すると、iDeCoは、毎月一定額を「掛け金」として金融機関に預け、投資信託などの金融商品で運用するしくみ。

掛け金の上限は、会社独自の企業年金のない会社員や主婦なら月2・3万円、自営業者などは月6・8万円などと決められています。

最大のメリットは、①掛け金が全額、所得控除の対象になる、②運用益が非課税になる、③年金として受け取る際にも税金の控除を受けられる――という3つの節税につながることです。

ただ、3つの優遇制度の代わりに、一度積み立て始めると60歳まで引き出せないというデメリットがあります。

NISAは、「一般NISA」と「つみたてNISA」の大きく2つがあります。**「一般NISA」は年間120万円までの投資による運用益が5年間非課税になるしくみ**で、簡単に言えば、個別株や投資信託で儲けた分に税金がかからない。**「つみたてNISA」は年間40万円まで積立投資したものの運用益が非課税となり、**一般NISAより投資額は抑えられていますが、**非課税となる運用期間が最長20年と長期投資向けのしくみ**と言えます。

また、つみたてNISAの場合は個別株が買えなくて、金融庁に指定された投資信託のみとなります。いずれもiDeCoと違って、60歳まで引き出せないという制限はありません。

通常の投資では運用益に20%の税金がかかりますが、NISAを活用すればそれがゼロになる。60歳まで引き出せませんが、iDeCoなら掛け金も運用益も年金としてもらう時も税金がかかりません。いずれも節税メリットは大きいと思います。

少額積立投資に適した制度ですが、運用利益が出た場合の税金メリットが大きいので、ぜひ検討してみましょう。

また、**制度として活用したいのは、「ふるさと納税」**です。

ふるさと納税とは、2007年に当時総務相だった菅義偉・首相が提唱した制度で、**故郷や応援したい自治体に寄付すると、その地域の特産品などの返礼品がもらえるもの**です。

それだけでなく、住民税などが控除され、実質的な自己負担は2000円で済むことから、人気を集めてきました。

その魅力は、返礼品の豊富さでしょう。スーパーなどで買うものは、ふるさと納税でだいたい賄えます。

お米やお肉、果物にスイーツ、お水、大量に買うとかさばるもの、重たいものを持ち帰らなくていいという時点で、主婦にはありがたい制度です。自分の住民票がある地域に納める税金の納付先を変えることで、前述のような商品がお礼として送られてきます。

自分がいくらまで税額控除を受けられるかということを調べ、その金額の上限まで30000円から5000円、1万円、2万円、3万円……等を納税します。ネットで返礼品を見て「5000円を6個もらうのがいいわ」とか「3万円のものを1個」とかいったように、自分の好きなように選びます（専業主婦の方はご主人の税額控除を調べてみてくださいね）。

返礼品を見比べたり税額控除の限度額を調べたりするには、CMなどで見たことがあると思いますが、「さとふる」や「ふるさとチョイス」といったサイトでわかりやすく紹介されているので、参考にしてください。

私もこれまで食料や日用品に加え、面白いものでは洗濯竿（角田市）やスキーのリフト無料券（占冠村）、加湿器（日立市）も受け取りました。

また、ふるさと納税でほかの自治体に税金を払ったからと言って、自分が住む自治体のサービスを受けられなくなるということもありません。

ぜひみなさんも、「iDeCo」や「NISA」を活用しながら、「ふるさと納税」も加えて楽しみを増やしてください。

「おたのしみ」がもらえるという意味では、株主優待とふるさと納税は似ていると思います。

ただ、**株主優待は1回買って持ち続ければ株を売るまでずっと送られてきますが、ふるさと納税は単発なので、毎年納税し続けないと送られてきません。**

見方を変えれば、「今年はこれがいいな」と思ったら変えていけるので、株主優待よりも機動的に考えるといいと思います。

さらに、申込者と送り先を別々に申請できるので、返礼品をお世話になっている人や実家に贈答することも可能です。

利用するサイトも、たとえば楽天のふるさと納税などは一元管理してくれて、楽天スーパーポイントもつくので、さらにお得になります。

試してみてください。

よい株の選び方

株の情報を得ようとする時、たくさんありすぎて迷ってしまうと思うのですが、**私が一番活用しているのは『四季報』です。**

日本の株式市場に上場している全銘柄がもれなく掲載されており、株を見るうえで理解しやすい歴史ある本です。何かあった時に四季報を見る＝自分で調べる習慣がつくと後々役に立つでしょう。

私が四季報を読み込むようになったのは、「タマゴボーロ」で有名な竹田製菓の創業者で、「日本一の投資家」である竹田和平さん（故人）が『四季報』を愛読していると知ってからでした。

竹田和平さんは四季報1本で情報を得て、上場企業だけで100銘柄以上の大株主として名をつらねていました。

あらゆる情報がコンパクトに収納されているのが『四季報』ですが、実際に目を通してみると、いろいろな数字が並んでいてよくわからないという人も少なくないでしょう。私も25年以上読み続けていますが、今でも迷うくらい情報があふれています。だからこそ飽きることはなく、面白く読み続けていられると思っています。

そこで私が女性目線で気にかけている部分をピックアップしたいと思います。

たとえば結婚相手を見る時には、相手の貯金や、借り入れ状況はどうなのか、気になりませんか。それがすべてではありませんが、その人のお金とのつきあい方に性格の一部は表れると思います。

結婚相手を投資する会社に置き換えるとすれば、まずチェックする項目が四季報の「有利子負債」です。読んで字のごとく、利子のある負債（借金）の金額がわかるので、**無借金の「0」だとマーカーを引くようにしています。**それだけですぐ投資はしませんが、とりあえずチェックしておきます。

借金が多い人と結婚するのは、リスクがある場合もあります。長期投資する以上、無借金ということは財務内容がいいので、経営に余力があって株主優待や配当も期待できる。

もちろん「有利子負債ゼロ」だからいいというわけではなく、無借金経営ばかり気にして全然発展しない会社もありますので、注意も必要です。しかし、**何年か見ていくことで、会社の方向性を感じられるでしょう。**

また、株主の方を見ているかという意味で**「配当利回り」**もチェックするようにしています。

これは株価に対する配当金の割合を示す指標で、実績と予想が記載されていますが、配当は株を保有していればもらえるので、値上がり益よりも確実なリターンが見込めます。**目安としては「配当利回り2〜3％以上」を参考にします。**

そして**「PBR（株価純資産倍率）」**も必ずチェックします。これは会社が持っている純資産（資産から負債を差し引いたもの）を発行済み株式総数で割った1株当たりの純資産の何倍の株価がついているかを見る指標で、「株価÷1株当たり純資産（BPS）」で求めます。

それによって、もしも企業が解散した時に手元に残る純資産と株価を比較して、1倍以上だと会社の純資産よりも株が買われている（純資産よりも株価が高い）ので割高、逆に1倍以下なら純資産より株価が安いので割安と判断します。**私は「1・0倍以下」なら割安でお得感があると見て、参考にしています。**

それから、**「時価総額（株価×発行済み株式総数）」**も注目します。また少し慣れてきたら、**「株主」欄**も見ておくといいかもしれません。保有割合の高い順に並んでいるので、**私は「社長が株主欄に入っている」ことも重視しています。**

社長が株主なら、自分の会社として考えているから愛着があって、経営にも自ずと力が入るはずです。

以上は、必ず見るようにしています。まとめると次の通りです。「配当利回りが2〜3％以上」「ＰＢＲ1倍以下」「時価総額」「社長が株主欄に入っている」という4つの条件を併せ持っていれば、長期でゆっくり上がることが多いように思います。短期ではなく「10年で3〜5倍になる」銘柄を探すつもりでじっくり読み込みます。

実際、私が最近の『四季報』でスクリーニングしてみたところ、4つの条件をクリアできる会社が50銘柄ほどあり、さらに私なりに「いいな」と思って絞り込んだものが10銘柄くらいありました。

みなさんもご自身の目で探してみてください。

「金（ゴールド）」「通貨」でリスク分散

さて、これまで「株」で長期的に資産を増やすことや「ふるさと納税」で得することを説明してきました。ここではその他の商品についても説明します。

株とは違う値動きをしそうな投資先としては「金（ゴールド）」「通貨」「債券」などがあります。**「株」と「金」「通貨」「債券」にうまく分散投資しておけば、資産が大きく減るリスクを回避できます。**

まず「金」の話からしましょう。

コロナ禍で世界的に不安が高まるなか、金の価格が史上最高値を更新して、田中貴金属などの金を買えるお店に人が殺到した、といったニュースを見たり聞いたりした人は多いと思います。

昔から「有事の金」と言われるように、経済危機や戦争、新型コロナウイルスのような感染症が広まるなど、何かがあった時、金は世界的に買われてきました。

金は埋蔵量が限られていて、世界中にある絶対的な量が決まっているので、限られたパイの奪い合いが起こると当然価格が上がります。

富裕層がリスク分散のために金を保有しているのは、聞いたことがあるかもしれません。だからと言っていきなり金の延べ棒を買うのも現実的ではありません。最初は月3000円からできる「純金積立」や金価格に連動するETF（上場投資信託）や投資信託もあるので、証券口座を持っている人はこれも少額で試してみると、金の値動きの勉強になると思います。

リスク分散としては、いきなりまとまったお金を投じるのではなく、コツコツ積み立てていくことをお勧めします。何より金は実物資産ですから、紙屑にはなりません。資産を分散投資するためにもぜひ注目してください。

私の長い経験上、株・金・通貨・債権価格が一度に値下がりすることは今までありませんでした。株が下がっても金や債権価格が値上がりしていたりするもので、すべてのものが同時に下落することは、さまざまな要因からも起こりにくいと言えます。なので、投資商品を分散していると、心に安心感が生まれると思います。

やはり**投資においては「安心感」が一番大事**だと思っています。どんな景気の時でもゆったり気持ちが落ち着いてさえいれば、何かあっても慌てることはなく、むしろチャンスと捉えることができます。

また、**資産を日本円だけでなく「外貨」にしておけば、どちらかが下がっても、もう一方でカバーすることができます。**

ここで「円高」と「円安」についても簡単に説明したいと思います。たとえば「1ドル＝100円」から「1ドル＝90円」になったら「円高」と言います。

見た目は安くなったように思われるかもしれませんが、1ドルを「100円」で買うよりも「90円」で買えるわけだから、円の価値は上がっていますよね。だから「円高・ドル安」となります。

逆に、「1ドル＝110円」になったら、1ドル買うために10円多く払わなくてはいけないので、円の価値は下がっています。つまり「円安・ドル高」となる。

このように、通貨の価値は、こっちが上がればあっちが下がるといった具合に相対的に変わるので、通貨を分散しておけばリスクも分散させることができます。

外貨に投資しようとすると、「FX（外国為替証拠金取引）」というものも、最近ではよく知られています。

手軽に投資できて簡単というイメージを持っている人もいるかもしれませんが、為替がどちらに動くかというところに元手の何倍も投資できる時点で、私は「投機（ギャンブル）性」が強いと思っています。

投機と投資はまったく違うので、注意してください。

さらに、この先は「インフレリスク」というものも忘れてはならないでしょう。

インフレというのは、お金の価値よりもモノの値段が上がることですから、今の1万円が将来的に同じ1万円という価値ではなくなっているかもしれません。今なら1万円で買えるモノが2万円になってしまえば、モノよりもお金の価値が下がったことになりますよね。

それを銀行預金に預けたままでは、たとえば100万円がほぼ100万円のままで、実質的に資産が目減りする結果になるかもしれません。

先のことはわかりませんが、「銀行に預けているから安心」ではなくなる可能性もゼロではないでしょう。

そう考えていくと、**インフレリスクに備えてさまざまな商品に分散投資することが「守り」にもつながり、何よりも安心感が得られます。**

今はいろいろな情報が簡単にネットでとれるようになったと言われますが、それによって、知っている人と知らない人の格差が、天と地ほど広がっていると思います。

それが「金融」の世界にも起こっています。少し前までは、紙の銀行通帳は口座を持っていれば無料でした。でも、今後は紙の通帳を発行しようとしたら手数料がかかったり、口座管理料がとられたりするようになっていくようです。国民全員がそのことを知っているわけではなくても、知らないで損をする人が出てくる時代です。

振り返ってみれば、消費税も最初に導入される時は大変でしたが、いつの間にか「10％」になっていました。知らなければ、どんどんどんどん切り崩されていく時代だということです。

このような激変とも言える時代だからこそ、アンテナを張って学んでいる人に実りがもたらされるのだと思います。

大切なことなのでもう一度繰り返します。**よくわからないものに安易に手を広げるのではなく、わかるものでコツコツ継続投資をしていきましょう。**

第4章

不動産投資

私が不動産投資を始めるまで

「不動産投資」と聞くと、みなさんはどんなイメージをお持ちでしょうか？

「お金持ちがやるもの」
「とにかく元手がかかる」
「大きなお金を動かす自信がない」
「土地の値段が下がって大きな損をする」
「せっかく投資しても『空室』になるのが心配」
「女性が不動産投資なんてできっこない」

ざっと挙げてみましたが、おそらくみなさんのなかにはこんなイメージがあると思います。ましてや自分が不動産に投資するなど、まったくイメージがわかない人も多いはずです。

私も最初はそうでした。

私が不動産投資を知るようになったのは、税金の負担を考えていた時でした。その時に読んだ本から、**不動産投資が節税につながるということを知りました。**

しかしその時、私は子育てに追われている毎日だったので、なかなか行動には移せずに日が過ぎていました。自分がまさかその後に不動産投資をスタートするとは思ってもいませんでした。

ファイナンシャルプランナーの資格は持っていたので、不動産の知識は少しはあったと思います。けれど、株は100円から買えますが、不動産投資をする際には大きな資金を最初から用意しなくてはならないと思い込んでもいたので、まったく現実のこととして捉えられていませんでした。

そんな折、たまたま証券時代の同期とランチをしている時に、彼女が「ねぇ、すごい本見つけたよ！」と1冊の本を差し出しました。

『究極の不動産投資術』というタイトルのその本は、なんと、大阪の証券時代に仕事を教えてくれた先輩が書いた本だったのです。読み込むと、先輩が証券会社を退職し不動産の会社を興し、経済自由人になっていることがわかりました。

本当に驚きました。というのもその先輩は、非常に優秀なトップ証券マンでありながらも、当時からこう語っていたからです。

「証券の仕事はやりがいもあり、経済の動きも肌で感じられる素晴らしい仕事だ。しかし、僕が本当にやりたいと思っている夢は、不動産を買って大家さんになることなんだ」と。

私は、先輩が当時の夢を叶えていることに、驚きと賞賛の気持ちを覚え、挟んであった読者アンケートの葉書に、早速感想と自分の連絡先を書いてポストに投函しました。

すると2日後、その先輩から電話がかかってきたのです。久しぶりに聞く声に懐かしさがこみ上げました。さらにその数日後には、15年ぶりに再会がかない、お互いの近況報告をするとともに、不動産投資の極意について直接伝授してもらったのです。

そこから、私も本格的に不動産投資をスタートさせていきました。

私の場合は、次のような手順で進めました。

①勉強のため不動産の本を読む
②不動産投資で成功している人が目の前に現れる
③手ほどきをうけ現実のものとして捉える
④実際に物件を取得する

思えば不動産投資をするにあたっては、不思議なご縁の連続でした。

前述した先輩から、最初の物件を買うまでの手ほどきを受けながらも、さらに有力な「人」が目の前に次々現れ、トントン拍子に物件を取得できたのです。

１つ目の物件を買った時に感じたことは、不動産を買うには不動産仲介業の人、銀行の融資担当の人、リフォーム会社の人、司法書士さん、売主さん、入居者さんなど、物件を１つ買うだけでも本当に多くの人が絡んでくるということでした。

株を買うように、１秒以下で売買が成立することはなく、やはり時間もかかります。

私の場合は２０１２年に不動産投資を始め、その後の9年間でさらに物件を増やし、10物件を保有するまでになりました。

私の場合は、何がなんでもその時までに○棟買おう！　○億まで買おうと思ってスタートしたのではありませんでした。銀行の担当の方に会ったり、物件探しをじっくりしたりしながらも、焦らず自然体でいるうちに、「人」のつながりで物件を引き寄せていったという感じのほうが正しいです。

先輩からは、いろいろな知識を教わりました。「不動産を買うには銀行からの借り入れが多かれ少なかれ必要になるが、**借金には良い借金と悪い借金がある。不動産ローンは良い借金だから借りられるだけ借りてもいい。**金融機関がそこまで貸してくれるのだから、銀行にとっても不動産は安全なものなんだ」と言われ驚きました。

借金に良い借金があるとは知りませんでした。一方で、過去に不動産で大きな失敗をしたニュースが出た芸能人の方の顔が浮かび、「本当に大丈夫？」と何度も確認しました。すると先輩は、「今はバブルじゃないので、不安がる必要はない」とおっしゃいました。さらに、「不動産投資で成功するための大切なポイントは2つあって、1つは**『安く買って高く売ること』**。もう1つは**『銀行とうまく交渉できるか』**ということだと、教えていただきました。

良いと思える物件を見つけたら「銀行の担当者にすぐに伝え、熱意を持って相手（不動産屋さん・売り主さん）に訴え、うまく商談がまとまれば不動産で失敗することはあまりない。銀行の方でも物件については詳しく調べるから、**価値のない物件だと融資はおりないんだよ**」とも言われました。

それでも、私は3人の子育て中ということもあり、「不動産投資をするために多額の借金を抱えるなんてできない」と思っていました。

すると、先輩はこのようにおっしゃいました。「子育ては確かに大変だけど、実は不動産投資は主婦にこそ向いている。今買っておいたら、子どもが大きくなった時にはローン返済も終わっていて、ちょうどいいチャンスじゃないかな。しかも**今、金利はとても安い**んだよ」。

そんなことを言われるとは想定外でしたが、尊敬する先輩の言葉を信じて素直に乗っていくことにしました。

自分の胸に手を当てて考えてみると、子育てに追われて銀行の窓口には何年も行っていなかったように思えました。それでも、もしも銀行に行けば担当者と普通に話くらいはできるかな、資金繰りさえクリアできれば、あとはほったらかしに近い形でも大丈夫なのかなと、不動産の本を40冊ほど読み込むうちに思えるようになってきました。

そして、実際に物件探しを始めました。それまでに読んだ本のなかに、「ネットで一括請求して、返事のきたなかで合いそうな営業マンを見つけるといい」と書いてあったので、まずその通りやってみました。

条件などを入れて10軒くらいの不動産投資会社に一括請求してみたら、6軒ほど返事がありました。機械的な自動返信メールも多かったのですが、そのなかですごく熱心に書き込まれたメールの返信に目が行きました。

そこは、3人でやっているという小さな不動産投資会社でした。メールには、外資系のように、安く買って全部リフォームして綺麗にしてまた高く売る、といった手法も使っていると、事業内容まで詳しく説明されていました。

普通は、「資金はいくらほどありますか？」とか、「どういう物件を探していますか？」といった、事務的な問い合わせが多いと思うのですが、その会社だけは、違いました。

条件がどうとかよりも、何のために不動産投資の会社をやっているかといった熱意を、文面で伝えてきたのです。そして、やりとりをするなかでフィーリングが合い、とても親身に考えてくれていると感じました。

そこでまず一度会ってみることになり、事務所へ伺いました。実際お会いすると、担当者は若くて、すごく真面目な人柄でした。さらに勉強熱心で、知識も経験も豊富です。

今振り返っても、最初から、いい営業マンに巡り合えたと思っています。

結局、不動産は株のように1人で、スマホでポチッと買うことはできませんから、最終的には「人」が大事になってくると、私はその時に感じました。

いかに自分に合う、自分が信用を置ける、と思える人に巡り合えるかに尽きます。

私もその当時、先輩とその営業の方に出会わなかったら、不動産投資に本格的に乗り出していなかったと思います。

私は、特に不動産を買う時は、機械的な対応ではとても心が動きません。高い買い物だと脳が認識しているので、ブロックが大きく働いてしまうのです。

また、親友に不動産会社で長年働く女性がいて、「仕事で年間100軒くらいは真剣に物件を見るけれど、自分が本当に買いたいと思えるのは1軒くらい」と言っていました。

その彼女が実際に自分名義の住宅を買う時も、10年かけてようやく出会えたと言っていました。彼女は年間100軒を10年間＝1000軒の住宅を見たということになります。最終的にはその売主さんの女性を一瞬で気に入り「ぜひこの方から買いたい」と思ったことが決め手だったそうです。

プロの彼女でも1000軒見て1軒なのです。**「不動産こそ、いい人から買いなさい」ということは、私が一番意識していること**です。

話を戻すと、私はその小さな会社の営業の方の紹介で、東京・練馬区にあるワンルームマンションを買ってみることにしました。

この時も先輩に相談したところ、「**不動産の値段は相対取引だから、掲載されているそのままの値段でなくても交渉できる場合もあるよ**」という返事でした。

株は大勢の人が見て株価が決まっているけど、不動産は結婚と同じように1対1であり、お互いが承諾した価格で成立する。だから、買付表は掲載価格の満額でなくてもいいということでした。

最初は練馬区にある700万円くらいのワンルームを最終的には650万円で買えました。ただ、この時点ではローンを組むのにはまだ抵抗があったので、株を売ったお金を元手に現金で買いました。

今思えば利回りも16・8%あり、リーマンショックの後で一番安い時期でした。タイミングも人も物件もよく幸先の良いスタートでした。それが私個人で本格的に不動産投資に乗り出した第一歩です。

ちなみにこの物件は今、倍以上の価値になっていて、保有期間も9年になりますが、その間の家賃収入で当初の650万円もすでに回収済みです。

不動産投資の進め方

それから年が変わって、先ほどの営業マンの紹介で、２０１４年3月に2軒目を購入することになりました。千代田区にあるワンルームマンションでした。

その後も、その年の12月に豊島区と品川区のワンルームマンションを購入。結局、この営業マンからは都内の立地のいいワンルームマンションを4軒買ったことになります。それほど信頼のおける方でした。

私が物件を選ぶ際に最重視しているのは「自分が住んでもよいと思えるところ」です。

これは私が知り合ったなかで、ビルをいくつも持っていて最も不動産投資に成功している人から聞いた話を参考にしています。

「自分が住んでもいいと思える物件を買ったら失敗しない」。自分が住んでいいと思えるなら、万が一空室になっても自分が住めばいいだけだし、そういうところは人も住みたいはずだから、空室にならない。だから成功しやすいんだよと。

不便な場所で駅からも遠くて、日当たりもよくなくて、寒くて暗くてジメジメしているような部屋だとか、そういった物件は避けようと考えてきました。

私は子どもが3人いるので、それぞれ自立した時に我が子を住まわせてもいいと思えるところを選ぶようにしてきたのです。母親目線で、物件を選んでいるのです。

駅に近くて、オートロックで宅配ボックスがついているとか、角部屋とか、自分目線で住みたくなる条件は絶対に譲らないようにすれば、やはり空室にはなりにくいものです。

先ほど触れた証券時代の先輩が「銀行とうまく交渉できるかが不動産投資成功のカギ」と言ったことについて、ここからお話しします。

私はてっきり、不動産投資をするには宅建や税金の知識が必要で、すごく難しいことをしなければいけないと思っていましたが、そうではありませんでした。

そして、いくら知識が豊富でも、銀行が貸してくれないと買いたいものも買えません。どうしても元手のかかる不動産投資は、銀行融資とセットで考えないと前に進まないのです。

ここでもひとつご紹介したいお話があります。

数年前に、不動産投資で成功して本を書いていらっしゃる、ある方に会えるという企画があって、会いに行った時のことです。そこで私は、こんな当時の悩みを相談しました。

「私は女性なので、銀行の担当者は表立っては口にしないけど、やはり夫が保証人になるとか、夫の信用があるから貸せるというような雰囲気を持っています。それがちょっとイヤだと感じます。そこは切り離して、自分一人で開拓したいのです」と。

するとその方は、「いやいや、そういうふうに考えてしまうかもしれないけど、そんなものは一切関係ない。使えるものは全部使った方がいい」とおっしゃいました。

つまり、**夫の信用力も総動員して使った方がいい**ということです。さらに、こうもおっしゃいました。

「家族の縁は切れない。それがなくなったら、あなたじゃなくなるでしょう。むしろそれはあなたが築いてきた家族なのだから、自信を持って使いなさい。夫の同意を得られなければダメですが、賛成してもらっているなら保証人になってもらうのです。そして、大手を振って銀行でアピールして、金利の優遇枠は最大限利用した方がいい。そこに後ろめたさを微塵も感じちゃいけない」と。

そこから自信を持つことができた私は、不動産投資をさらに進めていきました。女性は「私なんて……」と、つい遠慮しがちですが、そうではないと思えるようになりました。夫には「頑張ってね」と明るく接し、子どもたちにも「パパが頑張っているから、こんなに遊べるんだよ」と伝えます。そうやって気持ちよく回していけるから、家族なんだなと思えるようになりました。

「私なんて……」と、自分をことさら下に見てしまうのも奥ゆかしさであるとは思うのですが、**不動産投資をするうえでは、奥ゆかしさは一時封印しても良いでしょう。**

このように私には「ご縁」があり、トントン拍子に不動産投資を始めることができました。読者の方の中には「私には無理」と諦めてしまう方もいるかもしれません。しかし、私も新入社員時（1992年）の初任給は15万円くらいの、普通の会社員から社会人生活をスタートしました。20代、30代と夢中で学びながら種をまくことで、40代からはそれが実を結ぶ結果になってきたように思います。

決して器用なタイプではない私でも、多くの時間をかけることで無理なく資産形成ができていることを思えば、**今学ぼうと本書を手に取ってくれている前向きなみなさんが「時**

間」を味方につければ、きっと納得する資産が築けると確信しています。

不動産投資をスタートするまでには、株を始めるよりもより多くの時間やパワーがいりますが、うまくスタートできれば、安定した資産が「加速度的」に増えていきます。諦めずに準備していれば、「ご縁」が舞い込んでくるのが不動産投資の不思議なところなので、いつその日がきても良いように準備しませんか。

不動産投資で成功するポイント

不動産投資で成功するために、次から挙げる5つのポイントに留意して進めてほしいと思います。

❶値引き交渉

不動産投資で成功するために、まずすべきことは「**いかに安く買うか**」です。そこで値引き交渉のコツをご紹介します。

中古物件の場合、売主さんとの交渉のなかで、修繕が必要だったら見積書をつけるというやり方があります。

「ここの箇所は現状のままでいいのですが、その代わりリフォームをこちらでやろうと見積もりをしたら、500万円ほどかかるそうです。その分を下げていただくことはできませんか」などと申し出てみるのです。

もちろんあまりに値引きを求めると先方もよい気持ちになりませんから、そういう時はすぐ退散。しかし、どうしても欲しい物件だったら歩み寄るといいでしょう。

値引き交渉は時間がかかることもあって、3～4か月、場合によっては1年かかるケースもあります。

逆に売主さんによっては、もともと親が所有しているもので、あまり思い入れのない場合などは、すぐに売りたいから「いくらでもいい」というケースもあったりします。

まずは、値引き交渉を申し出てみて、損はありません。

❷物件の選び方

物件を選ぶ際に重視したいのは、やはり「自分が住んでもいいと思えるところ」です。

「駅から近いのがいいか、多少遠くてもいいか」とか、「都心と郊外では、どちらがいいのか？」など、いろいろ悩みは尽きないと思います。そもそも、今みなさんが住んでいるところがそれぞれ違っているので、個人の価値観によって条件は異なってきます。

駅の近くに住んできた人は、駅から近いことに価値を見出すでしょうし、郊外の一軒家に自分が住んでいていいと思うなら、「自分が住んでもいい物件」となるでしょう。**探すエリアについても、その判断は、「本人がいいと思えるエリア」に尽きると思います。**

自分が生まれ育った街で実家もあれば、地方都市もよくわかる安全なエリアと言えるでしょう。これも人それぞれ違うので、自分に土地勘があったり、愛着があったりする街から探してもいいと思います。

ただ、私は**「駅から近い」という条件にはこだわってほしい**と思っています。やはり駅に近い物件は値崩れしにくいので、値下がりリスクを減らすためにも重要だと思っています。

私の場合は都心の物件が多いので、「駅から5分以内」を選ぶようにしています。

かつてこのような物件を勧められたことがあります。

12部屋ある2階建てのハイツで、部屋は半分しか埋まっていませんでした。

それでも土地がものすごく広くて、土地の値段を下回るほど安い価格がついていたので、「これはもう震えるほどお買い得」などと言われて見に行きました。

ところが、一目見た印象は、廃墟に近かったのを思い出します。

まず都心から車で2時間かかり、電車だと最寄り駅から30分かかりました。バスを乗り継いでようやくたどり着くような場所だったのです。

紹介してくれた方は「お宝物件です」と推薦してくださるのですが、私にはここまで通って掃除もできないし、その物件を満室にしても、そこに住んでいる人が笑顔で暮らせる姿がその場でイメージできませんでした。

「1億円で買って、すぐに2億円で売れるくらい掘り出し物」と言われましたが、結局、私は買いませんでした。

自分に適した物件というのは、本当に人それぞれだと思います。私にとってはどれだけ儲かるかという収益性よりも、時間をかけて行かなくてはいけないとか、手間がかかるとか、そういうことがとてもひっかかりました。子育てもある私にとっては、都心の駅が近いマンションの方が「今の」自分に合っていると、その時確信しました。

一方で、**物件を探す時は、マイナス面ばかりを見ていたらキリがありません。**郊外だから、駅から遠いから、といったことばかり考えていると、マイナスにばかり引きずりこまれてしまいます。

そうではなくて、駅前を見たら、ショッピングモールが新しくできているとか、好きなお店があるとか、プラス面に自分のアンテナを張り巡らせて探す方がワクワクするし、楽しめるという一面もあります。

肝心なことは、自分がワクワクしたり、新しいことを発見できる刺激があったりするような、よいところに目を向けることではないでしょうか。

人口減少で「空き家問題」もあり、かつコロナ禍の今、もうお先真っ暗だと思っても、日本の不動産がすべてダメなわけではありません。

「こういう物件を買いたい」という、自分の「軸」をつくっていくと、成功に近づけると思います。

株もそうですが、不動産はもっとそれが顕著に出ます。自分に合っていないと、どうしても楽しめません。**お金を増やすことだけを目標にしてしまうと、続かなくなります。**

だから、物件選びも、自分のなかで楽しくワクワクするようなものを厳選し、増やしていくようにしています。

不思議なもので、**自分が気持ちよくなることにこだわって選ぶと、結果的に大きなチャンスが舞い込んでくる、**というのが私の経験上の実感です。

だから、株も不動産も自分がわかる範囲内のことで、気持ちよくできることしかやらないようにしています。

儲かる確率が高そうだからと言って、男勝りに投資する必要はなくて、優雅に考えてゆっくり投資していけば気持ちもよく、結果として成功に近づくと実感しています。

❸不動産の利回り

不動産投資をするなかで、どうしても気にかけなくてはならないのは、ローンを返済しても、それを上回る家賃収入があるかどうかという「利回り」です。

これは株と同じような考え方ができます。株の場合、PER（株価収益率）という、株価が年間の利益の何倍まで買われているかという指標も参考にするのですが、とくにマザーズやジャスダックといった新興市場を見てみると、何百倍というような、買われすぎている銘柄もよく見ます。

利益を出すために、何百年もかかるような水準まで株価が上昇しているのは、本当の価値をはるかに上回る数字が出ていることになり、それは明らかに普通ではありません。

それと同じで都心の一等地などでは、物件価格が何億円もして利回りがとれないことも多く、そのバランスを考える必要があります。

東京都心の場合、港区、千代田区、中央区などの都心だと利回りが低い傾向があるので、そこから円を広げて、品川区や豊島区を見ていくと、利回りが少し上がります。さらに、都心部から広範囲にまで円を広げていくと、まだ利回りが上がっていくイメージがあります。

大前提として、自分がよくわかるエリアで探し、次に利回りを見ていくようにしましょう。

とはいえ、利回りが低いからダメということもなく、やはりここでも、私は「自分が住んでもいいかどうか」を重視しています。

たとえば、「高いけど水まわりが最新設備になっている」などの条件も考慮に入れます。利回りはあくまで目安として考えておいた方がよいもので、絶対的条件ではありません。

利回りが低い物件は値崩れしにくいという手堅さもあったりしますし、逆に地方で利回りが20%近いという物件も、そこに土地勘があれば掘り出し物になったりするかもしれません。

結局、**利回りよりも優先すべきは立地、土地勘**ということです。

❹不動産投資のリスク

次にリスクについても考えてみましょう。

不動産投資のリスクと言えば、いくらまでローンを組んでいいものかと不安に思う人が多いと思います。もちろん1軒目からフルローンというのはお勧めしません。

私の場合も、1軒目は現金で買って、2軒目から銀行に相談し、投資しています。

これは実際に始めてみればわかるのですが、**複数の不動産に投資することは、それ自体が分散投資になっていきます。**もちろん、複数の物件を買うのは、慣れてきたからこそできるわけですが、それによって不安を減らすことができるのです。

また、**リスクを極力減らすためには、いい人から買うことが大事**です。メリットばかり強調する人は、疑ってかかった方がいいかもしれません。

きちんとデメリットまで説明できる人が、いいのです。もし、気になることがあれば、何でも質問してみる方がいいでしょう。答えの内容もさることながら、その姿勢が重要です。

なんとなく専門用語ばかりをまくし立てて早く終わらせようとする人でなく、やはり誠意ある回答をしてくれる人が一番です。

世界一の投資家といわれるウォーレン・バフェットさんが、「いい人と悪い取引はできない」とおっしゃっているように、逆に言えば、悪い人といい取引はできるはずはないのです。

不動産屋さんや売主さんに「なぜ売るのですか?」と理由をしっかり聞き、確認しておく。それを隠すようなら、こちらから避けた方がいいです。

やはり自分が気持ちよくなれないものには手を出さないのが鉄則です。

❺タイミングがすべて

不動産投資をするうえで、どうしても気になるのは「買い時」ではないでしょうか。金額で見ても、人生で一番高い買い物と言われることも多いですから、「できるだけ安く買いたい」というのは当たり前の話です。

不動産の値段は景気全体の流れにも左右されます。ただ、それはずっと見ていないとわからないもので、今日いきなりわかるものでもありません。やはり過去10年間などと比較しながら、少しずつ身につけていくことを心がけましょう。

そして、「継続は力なり」ですから、絶対にやめないこと。「**投資の世界は生き残った人の方が強い**」とよく言われますが、そのとおりなのです。

不動産は大きな買い物ですから、買うタイミングはとても大事です。

では、今は不動産投資に打って出るタイミングでしょうか？

結論から言うと、私は、今は買い時ではないと思っています。

コロナ禍でリモートワークが進み、通勤する人が減っていることで、都心のオフィス街の空室が目立つようになってきました。

少し前までは、外国人投資家が日本の不動産を買っているというニュースもよく聞かれましたが、これも新型コロナウイルスの影響で、表立っては聞かなくなりました。

加えて国土交通省の統計などを見ても、地価は急に上がる傾向にはないとも感じます。

ただ、私の肌感覚では、保有している不動産価格はあまり下がっていません。株価も日経平均が３万円の高値から２万７５００円くらいにあって、不動産も利回りを見ていると買うのにリスクを感じます。そうすると、「むしろまだ上がるんじゃないの？」と聞かれることもありますが、永久に一本調子で上がり続けることはありません。私が長年見てきた経験では、大きく緩やかに右肩上がりを続けながら、そのなかで小さな波で上げ下げしていくイメージです。

今は次の下がるタイミングを見据えて、お金を貯めておく時期だと思います。だとすると、とりあえず物件を数多く見るタイミングではないでしょうか。いろいろな物件を見ておけば、たとえば１か月後に１００万円下がったなど、そうした情報も肌感覚でわかり始めるものです。

「下がるタイミングを待つ」。そう聞くと、何もできないかのように思われるかもしれませんが、そうではありません。地道に元手を貯めながら、肥料をあげたりして土壌を肥やすことはできるのです。

たとえば、**融資を受けられるように定期預金をして、銀行との関係をコツコツ築いておきながらチャンスがきた時には機動的に動けるようにしておくといい**と思います。

今から下がるタイミングを考えて準備しておけば、その時がきたら動けるでしょう。今は土壌を整えておくタイミングだと思っています。

値動きを見るというのは、それほど簡単ではないかもしれませんが、いったん下がっても、そのまま下がり続けるケースというのは、ごく稀です。必ず**横ばいになるタイミングがきて、それはしばらく続くので、誰にでもわかる**ようになっています。

下がり始めたからと言って慌てる必要はなく、いったん横ばいになったところで、いよいよ買いのタイミングという感じです。

株は毎日売り買いできるので、早まって買ったと思っても売ればいいですが、不動産はそのように短期で売り買いすることができません。

今焦って買って、後で「高かった」と後悔するよりも、今は機動的にお金を動かせるようにしておくといいと思います。

不動産投資は、ぜひお勧めしたいですが、だからと言って「今すぐ買いましょう」ということではありません。

私が伝えたいのは、まずは自分で学ぶことです。それは1日でも早ければ早いほどいいので、不動産に興味がある方はできれば今この瞬間から始めてみてください。そうした積み重ねがきっと将来、大きな果実になってくるはずです。

もちろん今まさにお金が貯まっていて、自分がよくわかる物件があるのなら、買ってみるのはかまいません。

本気で買おうとして、探し続けることがとても重要です。なぜなら、本気で勉強を積み重ねることで、自分に合った物件がわかるようになるからです。

第5章

続けることの威力

今日より明日1円増やす

これまで投資信託やETF、株、そして不動産投資などについてお伝えしてきました。

そして、ここからが大切です。

それは「続ける」ことについてです。ここでは、投資をし続けることの重要性について一緒に勉強していきましょう。


投資の第一歩を踏み出してみると、このような状態に陥る時があります。

「いろいろ勉強して、投資信託を買ってみました。お気に入りの商品が株主優待でもらえる会社の株も買ってみました。だから、もういいかなって。なんかそれだけで満足しちゃうんですよね。最近は株価とかもあまり見ていないし、この前もどうしてもちょっとお金が必要になり、株を一部売ってしまいました。こんなものでいいのかな……」。

私は「投資の勉強は基本的に生きている限り、ゆっくりでいいので最後まで続けてください」と言っています。

最後のゴールとはどこか？　と聞かれたら、「あなたがお金の心配が一切なくなるところ」です。

資産形成を正しい形で行うには時間がかかります。しかし、正しい形で行えるようになれば、生涯お金とうまくつきあっていけるでしょう。

たとえば最初は少額の積み立てでスタートし、やがて不動産投資もやり、1億円を超える資産を築けるようになって……という資産形成のストーリーを描いたとしましょう。でも、そのゴールは人それぞれです。

私の場合は、最初からいつまでに○棟、○億円などと決めていませんが、**「負担を感じないで、できるだけ楽しみながら長く続けること」「子どもへの投資教育は説明するより見せること」**というふうに決めています。

それは説明するよりも、背中を見てもらったほうがわかりやすいと思うからです。

目標の立て方は人それぞれなので、最初から目標設定をしている人は、それでもよいと思います。

しかし、たとえば2019年に金融庁の報告書で「老後に2000万円不足する」というのが明らかになりましたが、それを見て、なんとなく「じゃあ、老後に向けて2000万円貯めなくては」と考えるのは、どうかと思います。

そもそも、人それぞれ生活スタイルが違うので、一概に2000万円と決めるのも無理があるはずです。


ただし、どんな人にも言えるのは、今より貯めるということは、今よりも減らないということ。そして、人それぞれ増やせる金額や割合は違ってくると思いますが、何よりも**「続ける」ためには、最初から無理な目標を立てないということが大切**です。


15年で資産を40億円以上にした、個人投資家で有名なテスタさんの座右の銘は、「負けなければおのずと勝ちになる」です。

負ける（損をする）ことがなければ資産は自然と増えていくという意味で、堅実な投資スタイルを貫いているところをぜひ参考にしたいです。

「今日の自分より明日は1円でも増やす」ということを念頭に思考と行動を積み重ねていけば、今日より明日、明日よりその先には必ず資産は増えるでしょう。小さく始めて、大きく育てることが重要です。

普通預金や定期預金のみでなく、投資信託・株を買うなど、いろいろな増やし方があると思いますが、結局は自分にとって心地よく、身近で負担がないことが一番です。たとえばスマホ証券などで、ネットで貯めたポイントで投資信託を買えるサービスがあります。自分が慣れているなら、まずそれをスタートする。あるいはお買い物のお釣りで500円玉が出たら、それは使わずに貯める「500円玉貯金」でもいいでしょう。

私もかつて、街を歩いている時に自分が口座を持っている銀行を見かけたら3000円預金する、ということをやっていました。

その銀行の前を通る通行料だと思って面白がって続けていたら、結構貯まりました。郵便局の前を通りかかったらでもいいと思いますし、ちょっと楽しめるしくみをつくっておく。自分に合ったスタイルでまずは始めてみましょう。

「複利」の力を活用する

預貯金で貯めていく習慣が身についていて「続ける」ことができたとしても、それだけで資産を大きく増やしていくことはなかなか難しいでしょう。

やはり本気で増やしていこうと思ったら、株などへの投資を続けていく必要があると思います。

そこで意識しておいてほしいのが「複利」の力です。天才と呼ばれるアインシュタインが、「複利は人類最大の発見」と言っていたように、**資産を増やすうえで複利は大きな武器**となります。

わかりやすく、説明していきましょう。

1年間に20％の利回りがあると、資産は1・2倍になります。これを単純に上乗せしていくと、翌年は1・4倍、その翌年は1・6倍と考えられますが、それは毎年20％が上乗せされるだけの「単利」という考え方です。

実際には、1・2倍に増えた資産を元手に翌年も投資していけば、「1・2倍×1・2倍＝1・44倍」という計算になります。**元金だけでなく、その年に生じた利息も含めて膨らんでいく。これが「複利」です。**

「1・2倍」と聞くと、なんとなく少ないような気がするかもしれませんが、世界一の投資家と言われるウォーレン・バフェットさんは、毎年20%のリターンを叩き出し続けて、あれだけの資産を築いているのです。それを続けること自体、実はかなり難しいことです。

実際にはなんとか実現可能な水準として複利で計算すると、次のようになります。

1年後　1・2倍
2年後　1・44倍（1・2×1・2）
3年後　1・728倍（1・44×1・2）
4年後　2・0736倍（1・728×1・2）

なんと4年後には2倍を超え、その後も7年後に3倍を超えると、さらに1年ごとに4

倍、5倍と膨らみ、10年後には6倍、13年後には10倍を超えることになります。そして20年後には約38倍にもなります。

たとえば100万円を株に投資して、年率20％で増やし続けることができれば、20年後には3800万円以上にまで資産が増える計算です。

長期で投資していけば、はじめは小さかった雪の玉を転がすといずれ大きな雪だるまになるようなイメージで、増えていきます。

このように**時間をかけると、「複利」はこれほど強力な武器になる**のです。アインシュタインが「人類最大の発見」というのも頷けますね。

こうした「複利効果」を最大限活用するためには、やはり長期で「続ける」ことが重要となります。複利効果を考えれば、なぜ「続ける」ことが大切なのか、おわかりいただけるのではないでしょうか。

「10年で10倍」は意外に簡単？

実際には、株価は毎年20％ずつ上昇するような値動きではなく、それ以上に値上がりすることもあれば、値下がりすることもあります。**1年ごと、あるいは1日のうちでも、上にも下にも動くリスクがあるのですが、これを長い目で見ると違って見えてきます。**

たとえば、ユニクロを展開しているファーストリテイリング株を例にしてみましょう。10年前には、1株1万円前後で100株単位で買えたので、最低購入価格は100万円ほどでした。それが、2021年2月には1株10万円を突破。最低購入価格は1000万円を超え、10年で10倍にまで膨らんでいます。

あるいは孫正義さん率いるソフトバンクグループ株。10年前は1株1000円台で買えた同社の株は、2021年3月に1万円台に達し、こちらも10年で10倍となりました。

「10年で10倍」なんて、そうそうなるわけがない。そう思う人は少なくないでしょう。それより**10年で10倍になっている株が、こんなふうに身近にあることを知らない人の方が多い**かもしれません。

私の周りのママ友に聞いても、「え？　そうなの」「そんなの、あまり気にしていなかったわ」という人が大半です。

ここで少し考えてみてくださいね。

この10年間、ユニクロで服を買わなかった人はほとんどいないと思うのですが、いかがですか？　また、ソフトバンクのｉＰｈｏｎｅやスマホを使っている人を知らないという人もほぼいないでしょう。もっと言えば、ユニクロやソフトバンクの名前を知らない人はいないはずです。

それほど身近な存在であるにもかかわらず、両社の株価が10年で10倍になったことを知る人はあまりいません。

これはなぜでしょうか。東京ディズニーランドもそうですが、これだけ知名度があって、ほとんどの人が行ったことがあり、実際に遊んでお金を使っているのに、そこの株を買おうというムードもさることながら、株価を気にする人も私の周りにはほとんどいません。

もしかしたら、株価が10倍になるような銘柄は、人にあまり知られていないような会社で、一気にポーンと跳ね上がるものだというイメージを持たれている方が、少なくないのかもしれません。

でも、実際は違います。**歴史を紐とけば、誰もが知っているような有名企業で、株価10倍どころか、もっと長い目で見れば100倍になっているような企業が、いくつもあるのです。**

そこまで長期で見られるようになれば、株は10年も持っていたらじわじわと上がり、やがて10倍になることもあるということも、身近に実感できているのではないかと思います。

そこに気がつけば、女性の投資人口ももっと増えてくると思っています。

たとえば10年前、銀行に100万円を定期預金で預けても、まだほぼ100万円のままだと思います。ところが、10年前に100万円をファーストリテイリングやソフトバンクの株に投資していたら、1000万円になっていたわけです。別の世界の話に聞こえるかもしれませんが、それこそが投資の魅力だと思います。

コロナ禍で大変な状況が続いていますが、もし10年前に１００万円を株式投資していれば、このような状況でも１０００万円が手元にあるはずです。10年間で１０００万円を定期預金で貯めようと思ったら、毎年１００万円を10年間貯蓄しなければなりません。

見方を変えれば、この10年間、ユニクロでどれほど買い物をしたのか振り返ってみてください。あるいはソフトバンクのｉＰｈｏｎｅにいくら払ってきているでしょう。ディズニーランドでどれほど遊んできたのか、などと考えていくと、株に投資していれば、これまでに使ったお金をはるかに上回るリターンを手にできているわけです。

持っていた株が大きく上がったことで、その会社からお金をもらって楽しんできたとも考えられます。

多方面から見方を変えることで、投資を身近に感じられるようになるでしょう。

株ひとつで億万長者になれる現実

もう少し歴史から学んでみましょう。
たとえばソフトバンクが出資しているヤフー（現在はZホールディングス（4689）という持ち株会社で上場）が新規上場したのが1997年です。公募株価は当時70万円で、初値は200万円つけたのを覚えています。

あれから24年経ち、その間に何度か株式分割をしているので、最初に1単位に投資して持ち続けていた場合、今や数億円になっています。

24年で何百倍以上です。そんなとても信じられないようなリターンが、私たちが生きている間に現実として起こっているのです。

ひょっとして2～3単位持っていたら、資産は10億円を超えているでしょう。それだけあれば、あなたはどうするでしょう？　考えてみてください。

「Ｙａｈｏｏ！ニュース」や「Ｙａｈｏｏ！ファイナンス」を見たり、「Ｙａｈｏｏ！メール」を使っていたりする人は多いはずです。

私たち日本人がネットを見るうえで、ヤフーはものすごく身近な存在ですよね。今やヤフーの持ち株会社であるＺホールディングスは、日本で８６００万人のユーザーがいて、ほとんどの日本人が使っています。ＬＩＮＥも傘下に収め、誰でも知っている会社です。そんな会社の株価がとんでもなく上がっているわけです。ヤフーだけではありません。たとえば世界的にも有名なソニーも、何倍にもなっています。

世間にあまり知られていないような会社を血眼になって探す必要などなくて、誰もが知っているような会社こそ、十分大きなリターンを手にできます。

そう考えていくと、株式投資に難しさを感じる必要などありません。**自分にとって身近でわかりやすい銘柄を買って持ち続けていればいい。**気をつけることは、その会社が10年後も20年後も存在しているイメージができるかどうかです。

たとえば毎朝起きて歯ミガキするから歯ブラシを作っている会社とか、いつも飲んでいるお茶の会社とか、身近なところから発想していき、その会社の内容を詳しく調べていけばいいと思うのです。日々の生活に根ざした発想がとんでもないリターンを生み出す可能性は十分あります。

それから**「国策に売りなし」という相場格言があります。国が向かおうとしている方向性に沿った形で事業している会社の株は、売らない方がいいという意味**です。

現在の菅政権で言えば、「デジタル化」や「脱炭素社会」、もちろん「コロナ対策」も重要な国策です。

ただ、国策に沿っているような銘柄なら何でもいいかと言うと、厳密にはそうではありません。それを見極める必要がありますが、それでも自分がよくわかっている得意なジャンルなら、国策が大きく変わらない限り、投資し続けていくべきでしょう。

コロナ禍の景気対策として今、日銀がお金を投与し、ＥＴＦを大量購入して株価を下支えしています。年金を運用するＧＰＩＦ（年金積立金管理運用独立行政法人）も大量に株を買っています。

そうした公的機関は奇をてらうのではなく、なぜ買っているのかと説明のつく、大義名分が通りやすい銘柄を買っています。なので、この1年で日本を代表するような主要銘柄が、どんどん上がったのは、そんな理由もあるでしょう。

私たちもその大きな波に素直に乗ればよいのではないでしょうか。

そうすると、何か特別な策を巡らそうとする必要もなく、ゆったり構えて判断できます。今がそういう状況にあるということは、ぜひ意識しておいてください。

もちろん投資のことなので「100%安全」ということはありませんから、どちらにブレてもいいように分散投資も忘れずに。

分散投資のメリットは、リスクを分散することだけではなくて、幅広く学べることにあります。いろいろ試してみて、そのなかから自分に合ったもの、自分が本当にわかるものを見つけられるという効果もあります。

まずは必ず**少額で広くやってみて、そのなかから学んでいく。そして続ける。**それが大切なことです。

畑にたとえれば、いろいろな種類のタネをまいて、肥料をまいて、土壌を豊かにしておく。すると四季折々で違う花が咲く。すぐ咲いて、すぐ散ってしまう花もあれば、やがて実を結んで大木にまで育つものも出てくるでしょう。

いろいろなタネをまいておけば、新たな発見もできて楽しめます。そして楽しいから続けられるし、続けられるから資産も増えていく。

そのなかに、ヤフーのような大化けしてくれる銘柄もあるかもしれません。今グーグルやアップル、アマゾンなど米国株が上がっていて、それに比べたら日本株はあまり上がっていないとも言われます。

でも、私が昔によく聞かされていたのは、「日本は米国の20年遅れをずっと歩いている」ということです。

じゃあ、米国の20年前はどうだったかと言うと、株価は今から比べると、とても安かったと記憶しています。

これと同じような流れが、この先、日本株に訪れても不思議ではないでしょう。**米国の20年遅れなら、この先20年かけて日本株はどのように向かっていくでしょうか。その先を想像して、長期で捉えていきましょう。**

10年後、そして20年後、あなたは何歳になっているでしょう。その時、どんな風になっていたいですか。ゆっくり考えてみてください。

日本株を取り巻く環境を見ても、欧米より遅れていると言われた金融教育の授業が日本の高校でも始まろうとしています。学生時代から金融の教育が始まることで、若いうちから投資を意識する世代が育っていくことでしょう。国際化時代で外国人の買いが減ることも考えにくく、裾野は間違いなく広がるはずです。

投資を知っていると知らないとではまったく違った風景が待ち受けていることでしょう。だからこそ、1日も早く勉強を始めた方がいい。そして、学び続けていくことが、将来的に大きな差を生むことになるでしょう。

今、どんなに資産がある人でも、間違った判断をすればすぐに財産を失ってしまいます。正しい判断ができないと、増やせない時代が訪れようとしています。

逆に言えば、今資産をほとんど持っていない人が勉強してコツコツ努力を積み重ね、正しい判断をしていけば、いくらでも資産を増やせる時代になったとも言えるかもしれません。

「おいしい話」などどこにもない

楽しく続けながら「経済的自由」を手に入れる。そこを目指すためには、やはり正しい投資で成功している人が身近にいるかどうかが大きいですね。

なかなか身近にはいないという人でも、ネットで探し出すこともできる時代になりました。

米国では個人投資家が集まる「投資クラブ」が当たり前のようにありますが、日本ではなかなか浸透していない。それでも少し増えてきたように思いますし、私も無料の女性の不動産大家さんの会に入っていて、学んでいます。

注意してほしいのは、いきなり有料で多額の会費をとり、買うものを指示するようなところには気をつけてください、ということです。中身もよくわからず、いきなりお金を求めるというのは、やはりおかしいです。

最初は小さく始めて、長期でコツコツ続けることで、将来的に大きく資産を増やそうとしているのに、いきなり大きな金額を払ってまでアドバイスを受けていては、大きなリターンにつながりません。**自分で考えること、感じることを一番大切にしてください。**

自分の頭で判断して失敗した場合は勉強料になり、自分の血となり肉となり、将来につながる糧になると思います。なのに、誰かにお金を払って、判断を仰いでばかりいたら、それは勉強にはなりません。

また、最初は無料と謳っていても、実際にセミナー会場などに行くと、高額な教材を買わされるケースもあります。無料だから安心では決してなくて、お金ばかり要求してくるようなところは、避けた方が無難ではないでしょうか。

これだけネットが発展したからこそ、無料でもいろいろなことが学べるようになりました。本当に成功している人が、無料でYouTubeで教えてくれたり、教材を売るのではなく成功体験を話してくれたり、無料で有益な情報を流してくれるようになったのは事実です。

「おいしい話」はやはりどこにもないということだけは、肝に銘じておいてください。

ウォーレン・バフェットさんが、年利20％で運用して世界中から尊敬を集めていることは書きました。自分の身近なところから考えて、企業のいろいろな資料なども読み込み、あれだけ資金力があって、世界で一番成功している投資家でも年利20％なのです。

だから、それを超えるようなリターンを謳っているようなところは、ちょっと立ち止まって、よく考えてみることが大切なのです。

年利20％を月に換算すれば、1か月で1・6％です。「たった1か月で倍になる」などと謳うような、そんな話は、まずあり得ないと考えておいて間違いありません。

FX（外国為替証拠金取引）などで、たとえば高額なソフトを買うと自動売買で資産が大きく膨らむようなこともどうでしょう。

さまざまな角度、立場から一度、冷静に考えてみてください。

着実に増やす「ドルコスト平均法」

「ドルコスト平均法」という言葉を聞いたことはあるでしょうか。

これは決まった金額を決まった日に投資していく方法です。株式累投や、価格変動商品の積み立てなどもこれに当たります。

たとえば、毎月1万円で積立投資を始めるとします。最初の月は最低購入単位（100株）が1万円だったので1単位を買う。翌月は株価が大きく下がり、1単位が2000円になったので5単位買う。さらに、その翌月、株価が戻ったので1単位を買う。

ここまで3か月で3万円を投資して、7単位を手に入れたことになります。

すると、その1か月後、株価は再び下がり、1単位5000円となってしまいました。

それでも、その時点で売ろうとすると、5000円×7単位＝3万5000円で売れる。

つまり、３万円を投資し続けて、当初の株価が半分になったとしても５０００円儲かる計算となるわけです。

一方で、３万円を最初に一括投資していたら３単位を持っていたことになり、３か月後に１単位５０００円に下がると、５０００円×３単位＝１万５０００円と、当初の金額の半分まで損してしまいます。

毎月同じ金額でコツコツ積み立てていけば、たとえ最初の半額に下がったとしても儲けることができる。これこそが「ドルコスト平均法」のメリットにほかなりません。

これをもっと長期で考えていけば、むしろ株価が下落するほど買える株の単位が増えていくので、その後値上がりすれば、高く売れるチャンスにつながっていくことが期待できます。

あくまで一例にすぎませんが、「ドルコスト平均法」を長期で続ければ、日々の株価の上げ下げも気にしないで済み、株価を気にせず、お金を増やすことにつながります。

もちろん、その後、数か月後にさらに株価が下がってしまったところで売ってしまえば、損をすることもあります。短期投資だとリスクになることもありますが、その後の株価上昇を気長に待てる長期投資なら、あまり心配する必要もなくなります。

あくまで長期で、コツコツ積み立てていくことを前提にすれば、「ドルコスト平均法」に「複利」を組み合わせ、「続ける」を加味すれば、「3つの武器」が備わったと考えられます。

「ドルコスト平均法」で平均購入単価を下げて、「複利」で資産の増え方を加速させ、長く「続ける」ことでさらに膨らませていく。

それら「3つの武器」が相乗効果を生み出し、資産をより大きく増やすことにつながっていくでしょう。

第6章

リスクを減らす見直し

長期投資でも「見直し」は必要

前章で、いかに長期投資を続けることが大切か、についてお伝えしました。

ざっとおさらいしておきましょう。

「ドルコスト平均法」でコツコツ積み立てることによって購入単価を平均的にならせば、「高く買ってしまった」などと高値掴みの失敗を防ぐことができます。利益がさらなるリターンを雪だるま式に増やしていく、「複利」のメリットもおわかりいただけたのではないでしょうか。そして長い間「続ける」ことによって、「ドルコスト平均法」と「複利」の効果を最大限に生かすことができるわけです。

ただし、投資にはどうしても値下がりリスクがつきものです。株価が下がっても、その会社のことは自分がよくわかっていて、まだまだ有望と思えるなら持ち続けた方がいいと思います。

ところが、その会社の株を買いたいと思った理由が途中で変わってしまった。言い換えれば、投資先を選んだ魅力が失われてしまったのであれば、いつまでも持ち続けるわけにはいかなくなるでしょう。

「あの会社の経営者が魅力的だから買ったのに、新しく代わった社長のやり方がよく理解できません。今までのような成長も期待できないし、それでも持ち続けた方が良いでしょうか？」

「いい商品を出していた会社だから株を買ったのに、そのお気に入りの商品をガラリと変えてしまい、使わなくなってしまいました。そんな株は売ってしまおうかと思っているのですが、一方で長期保有が前提と思っているから、どうしたらいいのでしょうか？」

私もこのような相談を受けることがあります。

いくら長期投資が大前提とはいえ、自分がその株に投資していた目的と違ってしまったら、私は思い切って売るなどして見直すべきだと思っています。

まさに、つい最近、私が見直したケースがありました。

「株主優待」で楽しみながら投資を続けてきた私は、家の近くにあるコンビニの「ポプラ（7601）」の株を買って「優待ライフ」を楽しんできました。

ポプラ株を100株以上保有していると、1000円分の買い物優待券が年2回もらえました。確か4万円（1株400円×100株）くらいで買って、年間2000円の優待券がもらえるから、利回りに換算すると株価の5％くらいキャッシュバックされるようなもので、お得だなと思っていました。

子どもがポプラで買い物する時に優待券を渡して、「ポプラの会社からもらったんだよ」と説明すると、「すごい、良い会社だね！」と喜んで、子どもの投資教育にもつながっていました。親子ともどもありがたい存在だったのです。

ところが、2021年1月12日に、株主優待制度を廃止するという発表がありました。会社のホームページに掲載されていたのに気づいたのが2月初めで、1か月近く気がつきませんでした。

株価をチェックすると、1株400円を割り込んでいて、330円くらいまでジリジリ下がっています。優待廃止の影響で、売り込まれている格好でした。

ポプラは本業の方がちょっと厳しくて赤字となっており、3大コンビニチェーンに押されてどうしても見劣りするところがありました。

でも、「家から一番近くて便利だから」「優待を子どもと使う」という理由で私は長年、持ち続けてきました。それが優待券を廃止するということで、株を持つ目的がなくなってしまったので、すぐに売りました。

ほぼ毎日相場を見ている私でも、このように見逃すこともあります。ついつい子どもの行事やPTA、仕事が重なると、忘れてしまうこともあります。

私の場合は、ポプラは優待ありきで持っていたので、ポプラが積極的に店舗拡大してセブン・イレブンを抜くとか、そういうことを期待して買っていたわけではありません。株価が下がっても、それ以上の「楽しみ」と「教育」の側面から持ち続けることができていました。株の値上がり目的ではなく、あくまで近所にあってお得な優待目当て。その目的で買っていたので、それがなくなったら即売りの判断ができたわけです。

4年くらいは、優待券をもらってきたので、損をすることはなかったと思います。当時、4万円くらいで買って、最近、3万3000円前後で売ったので、見かけの金額では7000円くらいの損失です。それでも年間2000円の優待券を4年分もらってきたので、差し引き1000円のプラスだったと思います。また、以前は配当ももらっていました。

それ以上に、目的が変わったら売らなければならないという経験ができて勉強にもなったと思っています。私の場合は、そうやって、すべて前向きに捉えるようにしています。

株価的に見ても、素早く売っておいてよかったと思います。買った時より株価が下がっていても売ってしまうことを「損切り」と言いますが、株主優待を含めれば、実質的に損はしていないということになります。

私は、本来は株価が下がっても慌てて売ったりしないようにしていますが、ポプラのように、「買った目的が変わってしまった」場合はすぐに見直すようにしています。

そして、また自分の目的に合った違う銘柄を探せばいいわけです。それこそがいつでも見直すことができる、流動性に優れている株のメリットだと思います。

一方で、本当に好きな会社だったら違う対応をすることもあります。株主優待の内容が変わることがあって、たとえば昨年までは1単位（100株）から優待がもらえたのに、今年から2単位（200株）以上でないともらえなくなったりするケースがあります。

その会社の優待がお気に入りだったら、もう1単位買い足してでも優待をもらうようにすることもあります。それも見直しのひとつでしょう。

やはり経営者が信頼できて、いい商品やサービスを手がけていて、自分がうれしくなる株主優待がある、そういった会社だったらいつまでもその株を持ち続けたいと思えますよね。

逆にそうでなければ見直す。何にでも言えることですが、買った時より、後の対処が大切です。

賢く買うタイミングをつかむ

自分の大切なお金を投じる以上、売買、特に買うタイミングは本当に大事になってきます。

高値の時に買ってしまうと、いつまで経っても買った時の値段を上回らず「高値掴み」となってしまい、儲かるものも儲からなくなってしまいます。

逆に言えば、うまく買うタイミングをつかめたら、投資が成功する確率はグンと上がるということです。

常にアンテナを張り巡らせて投資先の値段をチェックしておき、最適のタイミングを探る。これも「見直し」の一環だと言えます。

東京のゴルフ場でも超名門と言われる、「小金井カントリー倶楽部」の会員権は、今は

4000万円くらいしていますが、バブルの頃は4億5000万円でした。

超名門ゴルフ場でも、10分の1に値下がりしています。もちろんバブル時期以降に倒産してしまったゴルフ場もたくさんあります。これは会員権の話ですが、買う商品とタイミングを間違えると、本当にお金を減らすということがわかると思います。

ゴルフ会員権に限らず、株や不動産にも同様のことが言えます。

長年観察していれば、相場がどちらに向かっているのかが肌でわかるようになりますが、投資を始めたばかりで、最適なタイミングを見つけることは不可能とも言えます。歴史に学び、自分で経験を積み重ねることによって、タイミングというものは次第に読めてくるものだからです。

いざ買おうと考えた時、今から10年前、20年前を振り返り、10年後、20年後まで見据えた長く引いた目線で考えてみるようにしましょう。

人が増えれば投資も増える

コロナ禍以降、米国株、ニューヨークダウや、IT関連などハイテク株が多いナスダック市場などは史上最高値を更新して、好調となっています。

日本株も、日経平均株価は一時3万円を突破しました。新型コロナウイルスが完全に収束していないなか、株価だけが高すぎるという声も聞かれます。一方で、それでも日経平均は1989年末につけた3万8915円という史上最高値まではまだまだの水準で、米国株に比べると割安という人もいます。

果たして株価はこの先、長い目で見て上がるのか、下がるのかと両方の仮説が飛び交っています。

経済には大きなサイクルがあって、上がるものは上がり、下がるものはどこまでも下がるということがあります。

価格で言うと、たとえば金（ゴールド）は上がり続けており、ゴルフ会員権はずっと下がり続けています。それはやっている人の分母の数が大きく影響しているとも考えられます。

ゴルフ人口は減っていて、かつてのゴルフ好きも高齢化で少なくなっている。女性が増えているとも言われますが、全体的なゴルフ人口はどうしても減っています。一方で、金に関して言うと、人口の多い中国やインドの人たちは、歴史的に金が好きと言われていることもあり、金に投資する人は世界中で増えています。

その物を買う人の分母が増えているかどうかで、今後の大きな流れというのは読めてくると思います。

では、株をはじめ投資はどうでしょうか。日本では遅ればせながら、これから高校の授業で金融教育が始まることになっていて、若いうちから投資の知識を得る機会が増えていきます。

そうなってくると、投資の人口の分母が増えていくのはほぼ間違いないでしょう。少子化と言われていますが、人口が減ったとしても、今まで投資してこなかった若者層は少しずつ増えると思います。また、外国人買いも日本株を支える要因です。

世界規模で見ていくと、米国は移民も受け入れてまだまだ人口増が続きそうです。また、発展途上の新興国を中心に、人口は今後も増えていく見通しです。

つまり、**世界規模でみれば、投資人口の分母は増えていきそうです。だとすれば、米国株も日本株も、短期的な株価の上下や調整をしながらも、もっと長期的には上がる方向に向かっている**と思います。

考えてみてください。インターネットもスマートフォンもこれだけ普及しています。世界のあちらこちらで、これだけきれいな道ができて学校もできて、景観を損ねないように電柱を地中に埋めたりもするようになりました。

よくなったもの、便利になったものを元に戻すとは考えにくく、さらによいものにしていくことができるのが人間です。

投資においても、同じです。戦後の株価に戻ることは、さすがにあり得ませんよね。そのように考えていくと、人が集まるところ、分母が増えるところに注目していくというのは、シンプルでわかりやすい投資方法です。

株式は人気投票とも言われます。長い目で見て、この先も株価の上昇が期待できるなら、買い時はまさに今でしょう。もしドルコスト平均法を駆使するなら、いつ買ってもいいとも言えます。ドルコスト平均法なら入口はいつでもよくて、値段が高い時は少ない単位で買って、安い時は多くの単位が買えます。

しかも、買ってそれで終わりではなくて、ずっと買い続けるわけですから、少しでも早いうちに始めた方が資産を大きく増やすチャンスが広がっていくと思います。

気がついた時が吉日で、自分で勉強してタイミングがはかれるようになったら、それが「買い時」「始め時」です。

さらに経験を積み重ねていくと、「今は株、今度はゴールドかな？」と、どこに世界の資金が動いているかを予測するのも楽しくなります。

私が30年近く投資の世界を見てきたなかで感じているのは、**常に4％くらいの利回りが期待できる投資先がどこかにあり、すべての投資先がダメということはなかった**ということです。

株がダメな時は債券で4％がとれたり、かつては銀行預金や郵便貯金の金利が5％以上だったりした時代もありました。

低金利で預金金利が下がっても、今度は外国債券が投資商品として出てくるなど、常に回っている印象です。

金はそうしたなかでずっと穏やかな横ばいだったのですが、ここ数年は急騰してきた感触もあります。


30年くらいいろいろな相場を見続けていると、具体的な理由を理論立てて説明するのは難しくても、盛り上がっている市場がどこなのかを感じとれるようになります。

タイミングはすごく大事なので、そのタイミングは間違えないようにしたいですね。

不動産の買い時というのは、やはりリーマンショックとか「〇〇ショック」と名のつくような経済的な危機で安くなっている局面です。私も今は、その時に備えて資産をつくりながら、「〇〇ショック」がきたら不動産を買えるように、準備をしている最中です。

一緒に、次のチャンスに乗るための勉強を続けていきましょう。

※「iDeCo」のように、60歳まで引き出せないような商品は、いざという時には動かせないので、注意してください。

資産を売るタイミングとは

この章の冒頭では、株主優待がなくなるといった、自分が期待していた目的が変わってしまった時は「見直し」のタイミングであり、その人にとっては「売り時」だという話をしました。

しかし不動産の場合は、基本的に株よりも長期投資が前提となるので、自分が将来住んでもいいと思える物件であれば、持ち続けてもいいと思っています。

もちろん、見直す機会がないわけではありません。たとえば眺望がいいからとマンションの上層階の部屋を買ったのに、やがて目の前にもっと高層のタワーマンションが建ち、眺望も日当たりも悪くなってしまった。

この場合は、買った時の目的と変わってしまったので、将来自分が住みたいと思えなくなるなら、見直して売ってもいいと思います。

実際、こんな人がいました。その人は、富士山まで見える見晴らしのよい景色を楽しんで暮らしてきたのに、目の前にタワーマンションが建ってしまいました。

それで思い切って、それまで住んでいたマンションを売って、今度は目の前に建ったタワーマンションに買い替えたというのです。

不満を募らせて、日照権を訴えたりして争ったところで、建築は止まらないでしょう。自分が気持ちよく暮らせないなら、いっそのこともっと気持ちよく住める、最上階で南向きの一番いい部屋を買おうと考えたのです。

前から住んでいる部屋に執着してブルーな気持ちで過ごすくらいだったら、新しい家にワクワクする気持ちになった方がいいと判断したのでしょう。

幸いなことに、前から住んでいたマンションが駅に近くて、売りに出したら30年近く前に買った時とほぼ変わらない値段で売れたそうです。

値下がりしていなくて元がとれた格好ですから、30年近く無料で住めたようなものですね。

金銭的にも精神的にも、見直してよかった成功事例と言えるのではないでしょうか。

見直す機会は、経済のサイクルにもあります。先ほど、買うタイミングは値段が安くなった「○○ショック」と呼ばれる経済危機がチャンスと言いましたが、逆のことも言えます。「○○ショック」が起こった時は、必ず「これでいいのか？」と見直す機会にするということです。

他人に任せたりせず、必ず自分で見直してみて、売るべき資産があれば行動に移すことです。万が一、その後も下がり続けるような資産を持っていたとしたら、早めに売却することで大きな痛手を未然に防ぐことも可能です。

長期投資と言うとほったらかしでいいイメージが強いですが、決してそうではありません。相場が上向いている時はほったらかしでもいいのですが、「○○ショック」と呼ばれるような経済危機が起こった場合は、ぜひ見直す機会にしてほしいのです。

過去にどういうことが起こったのかという事例を手繰り寄せて、最悪のケースまで織り込んでおくことが必要でしょう。経済のサイクルが変わった時はそこまで覚悟したうえで、「さあ、どうしようか」といつでも見直してください。

環境が変わった時はどうするか

投資した目的が変わった時、経済サイクルが変化した時が見直す好機であることを説明してきました。

実は**もうひとつ大切なタイミングとして、自分の「ライフステージ」が変わった時も見直すようにしてほしい**と思っています。

具体的には、それぞれのライフステージに応じ、次のように考えてみてほしいのです。

就職・転職

まず就職して社会人になる、あるいは転職のタイミングも同じですが、収入が安定してくるようなら、給料から天引きして強制的に貯めるしくみをつくっておいてほしいと思います。

学生から社会人になると収入は増えると思いますが、転職の場合は必ずしも収入が増えるケースばかりではないので、毎月決まって貯められる金額の見直しも必要になってくるでしょう。

結婚

女性の場合、結婚すると仕事を辞めるかどうかの選択を迫られることもあると思います。でも、私は、自分の体験からも辞めないほうをお勧めします。

夫の収入だけに依存することは、自立とは反対にあります。結婚相手の波に自分も同調していくしかなく、それでは何かあった時のリスク分散もできません。**依存することは自分を失うことにもなってしまうわけで、それでは自分で幸せをつかみ取ることはできない**と思います。

自立している2人が共働きで収入を増やすことができれば、お互いに良い方向に向かうと思います。

出産

昔、祖母から「子どもは蔵を持って産まれてくる」と聞いたことがありました。子どもが産まれると、富が広がっていくから心配しなくていいという意味だったと思います。

自分のことを振り返ってみても、本当にその通りだったと実感します。女性は多くの場合、結婚するといろいろな「変化」が起こります。まず、自分の名前・住所・家族が変わります。出産するとなれば、さらに体型・体重が変わり、出産後は24時間新生児のお世話も始まります。この短期間の激変に対応していくうちに、私は価値観が180度変わりました。まさに人生を「見直した」時期でもあります。

その頃の私は「子どもがいることを理由に仕事を諦めたくはないけれど、我が子が小さなうちは一緒にいたい。どちらもできる方法はないかな」といつも考えていました。

そんな折、「自分がもう1人、いや2人いたらいいのに」と考え、自分の代わりに株や不動産に働いてもらうことを思いつきました。子どもがいなかったら今のスタイルにはなっていなかったと思います。まさに子どもたちが蔵を運んできてくれたと思っています。

また、何もかもが初めてで右往左往の連続でしたが、子どもを通じて素敵なママ友たちと出会えたことは、大切な「心の資産」です。

おわりに

この本を最後までお読みいただき、ありがとうございました。

私の友好関係は、投資と同じで深く長期です。そのため、周りには30年以上のつきあいになる親友や、子どものPTA、習い事でできたママ友がたくさんいます。そして、そんなみなさんから、資産形成の相談をされることも多く、かねてより「投資に興味を持つ女性が増えている」と実感していました。


世の中には数多くの投資本があふれています。「株で○億稼ぐ」とか「不動産で○億円」といったタイトルが目に飛び込んでくることも多く、ほかにもFXや仮想通貨をテーマに、なんだか本を読んだだけで簡単に稼げるような内容、それも多くは、男性目線で書かれているものが多いように感じていました。

そんななかで、いつか女性向けに、それも、これから初めて投資をスタートする方たちに向けて、1冊の本をまとめたいと思っていました。

決して器用とは言えない私でしたが、長期で「楽しみながら」投資をすることで、ゼロから多くの資産を形成することができました。

私が特別なわけではありません。たしかに証券会社の仕事をするなかで、数多くの富裕層の方たちと知り合い、お金に関すること（稼ぎ方や使い方）を直接教えていただく貴重な経験を積んだことは幸運でした。しかし、この本に書いてきたとおり、少しの努力を続けることで、誰にでもできることだと私は思っています。

投資の良いところは、主婦だから、子どもがいるから、学生だからといったそれぞれの環境が、必ずしも障害にならないところです。

むしろ女性こそが投資に向いている。そのことをどうしても伝えたかったのです。こうして、私が辿ってきたその過程をご紹介することで、一歩を踏み出すのを迷っているみなさんの応援になればと願うばかりです。

最後に、本書の制作に携わってくださった天才工場の皆様、ぱる出版の岩川実加様、出版を応援してくれた家族に心から感謝いたします。

2021年8月　つちやけいこ

参考文献

『リッチウーマン』キム・キヨサキ（筑摩書房）
『私が社長です』元谷芙美子（IN通信社）
『稼げる技術』和田裕美（ダイヤモンド社）
『毎日がときめく片づけの魔法』近藤麻理恵（サンマーク出版）
『働くアラフォーママが夫に内緒で家賃年収4000万円！』内本智子（扶桑社）
『主婦の私でもできた月収130万円「新築アパート」投資法』五十嵐未帆（ダイヤモンド社）
『女性が「不動産」を買うときに読む本』杉山智子（幻冬舎）
『すべての女は、自由である』経沢香保子（ダイヤモンド社）
『これが長期投資の王道だ』澤上篤人（明日香出版社）
『それでも強い日本経済！』エミン・ユルマズ（ビジネス社）
『会社四季報の達人が教える10倍株・100倍株の探し方』渡部清二（東洋経済新報社）
『お金が貯まるのは、どっち⁉』菅井敏之（アスコム）
『けっきょく、お金は幻です。』竹田和平（サンマーク出版）
『相場師一代』是川銀蔵（小学館）
『スノーボール　ウォーレン・バフェット伝（上）（中）（下）』アリス・シュローダー（日本経済新聞出版）

つちやけいこ
ファイナンシャルプランナー（２級ファイナンシャル・プランニング技能士・AFP）
兵庫県姫路市出身。大和証券８年、三菱証券（現・三菱UFJモルガン・スタンレー証券）４年、ＦＰ事務所開業（証券仲介業者）４年など証券業界16年の経歴を持つ。
そのなかで多くの富裕層と出会い、資産家特有の習慣や考え方を学ぶ。また自らも株式投資や不動産投資を実践。優待株（100銘柄以上）や都内不動産（10物件）などを保有し、経済的自由を達成。
現在は都内在住で３人（小学生・中学生・高校生）の子育てをするママ投資家として、周囲のママ友・知人から投資全般について相談を受けることも多く、幅広くアドバイスを行っている。
今後、多くの女性が経済的自由を達成するための啓蒙活動をライフワークとすることに決める。
趣味は書道・ジョギング。

★ブログ「つちやけいこのブログ」
https://ameblo.jp/ameba11060686016445p/
★ホームページ
https://keikotsuchiya.jp.net

不動産《ふどうさん》10物件《ぶっけん》 株《かぶ》100銘柄《めいがら》保有《ほゆう》の元証券《もとしょうけん》ママと学《まな》ぶ
女性《じょせい》のためのお金《かね》の増《ふ》やし方《かた》

2021年9月1日　　初版発行

著　者　つちや　けいこ
発行者　和　田　智　明
発行所　株式会社　ぱる出版
〒160-0011　東京都新宿区若葉1-9-16
03(3353)2835―代表　03(3353)2826―FAX
03(3353)3679―編集
振替　東京　00100-3-131586
印刷・製本　中央精版印刷(株)

ISBN978-4-8272-1288-4　C0033